はじめてのメイド服
-Dollfie Dream®-　荒木さわ子

Contents

1　はじめに …… メイド服をデザインしよう　**P.4**

2　洋裁の基本 …… 必要な道具、使用した布、
　　　　　　　　　　接着芯について、地直しと水通し、
　　　　　　　　　　型紙について、縫い方、型紙の置き方、裁断　**P.20**

3　ワンピース型メイド服 …… **P.32**

4　ツーピース型メイド服 …… **P.50**

5　エプロン …… **P.58**

6　ペチコート …… **P.64**

7　カチューシャ …… **P.68**

8　付け襟・カフス・ソックス …… **P.72**

9　ランジェリー …… **P.76**

10　ドルフィードリームに会いに秋葉原へ行こう …… **P.80**

[メイド服 Ⅰ]
ワンピース型
ミニスカート × 半袖

ワンピース型メイド服より、
ミニスカートと半袖の型紙をチョイス。
青い生地をベースに黒いリボンを
飾り付けました。ボーダーの靴下と
黒いリボンカチューシャで
アリス風にスタイリング。

メイク：ミミコ
ヘッド：Dollfie Dream® 間桐桜、泉戸ましろ
ウィッグ：屋根裏部屋と地下室
（9-10inch ヘリカルカール/退紅、ソフトボブ/蜂蜜色）
シューズ：海外メーカー製（私物）

[メイド服 II]
ワンピース型
ロングスカート
×
長袖

ワンピース型メイド服から
ロングスカートと長袖をセレクトし、
黒の化繊素材で製作した
クラシカルなメイド服。エプロンを
外せばお嬢様風ワンピースに変身！
実は万能な型紙なのです。

メイク：ナギ（ももいろ＊マンボウ）
ヘッド：DDH-06、Dollfie Dream® Dynamiteアルナ
ウィッグ：屋根裏部屋と地下室（9-10inch 姫カット／焦香）、
ボークス（セイバーオルタオリジナル）
シューズ：ボークス シューズブティック（販売終了）

「創作造形©ボークス・造形村」©2003-2013 VOLKS INC. All rights are reserved.

ランジェリー

ブラトップ × ショーツ

上下にゴムが入ったブラトップは
綿を詰めてボリュームアップでき、
S胸M胸ボディでも
L胸服を綺麗に着こなせます。
フリルのある方を上にすると
19ページのチラ見せ
インナーになります。

メイク：ナギ（ももいろ＊マンボウ）
ヘッド：Dollfie Dream® Dynamite 久寿川ささら
ウィッグ：屋根裏部屋と地下室（9-10inch ロングウェーブ／淡白）

必要な道具

裁断道具

- 裁断バサミ
- 紙切りバサミ 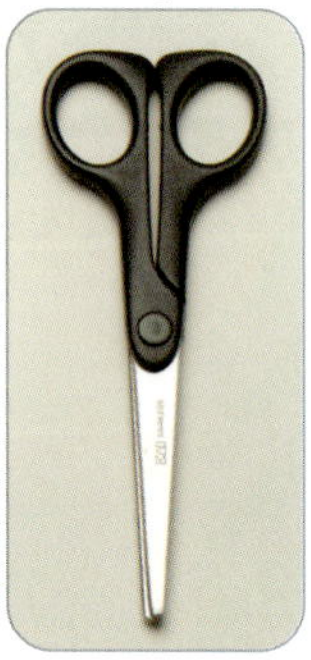
- 糸切りバサミ
- ロータリーカッター 
- カッティングボード（2枚ほど用意すると便利） 
- マスキングテープ（待ち針の代わりに使用する）

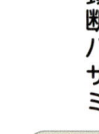
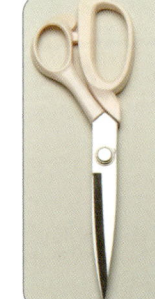

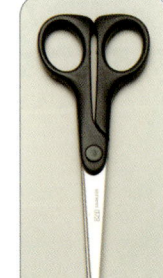
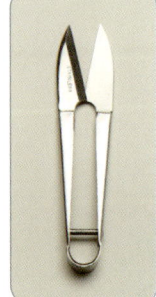

針・糸

- ミシン糸 ［糸の太さ］
  - 普通…60番（針11番）
  - 細い…90番（針9番） 
- ニット用ミシン糸　伸縮性のある素材向けの糸
- 手縫い糸　手縫いをした時に糸がねじれにくい撚りになっている（右利きの場合）針は7番か8番くらいを使う
- 待ち針　パッチワーク用の小さい物もある

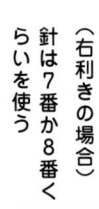
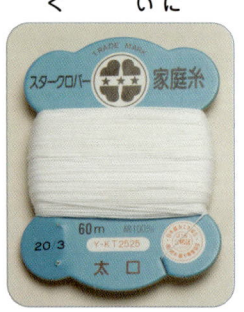

- アイロン　パッチワーク用の物は小さくて温まるのも早いので便利 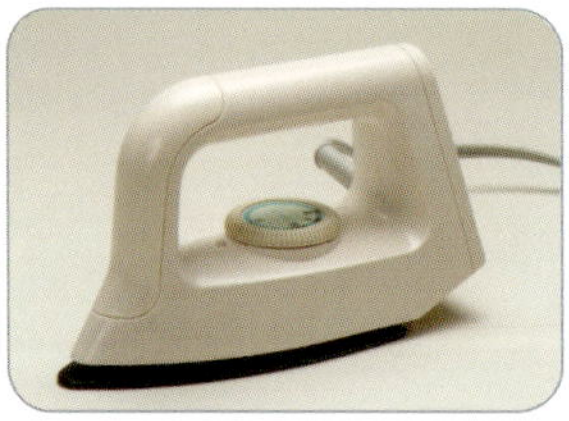
- 霧吹き
- アイロン台　ミトンタイプも使いやすい

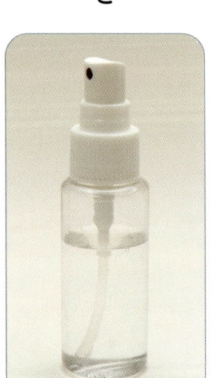

「ミシン糸は、どの太さを使ったらいいの？」

「ドール用は細い90番を選ぶ人が多いかも」

「でも、今回はギャザーの縫い合わせなど結構厚い部分があるので一般的な60番を使っているよ」

「どちらでもいいです」

印付け

■ チャコペン

■ シャープペン式布ペン

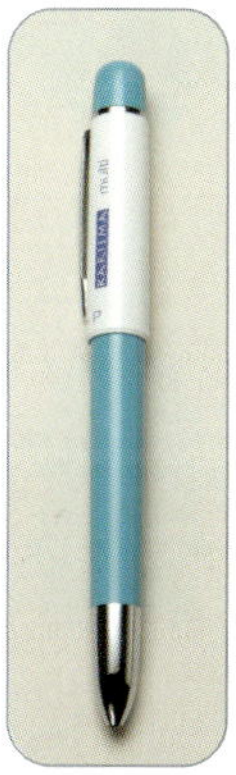

■ アイロンや水で消えるペンタイプ

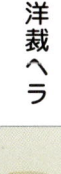

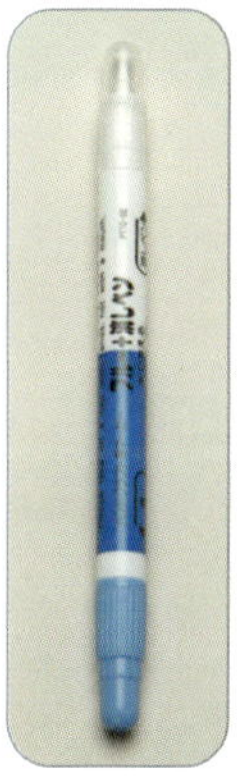

■ 粉チャコ

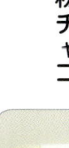

■ 洋裁ヘラ

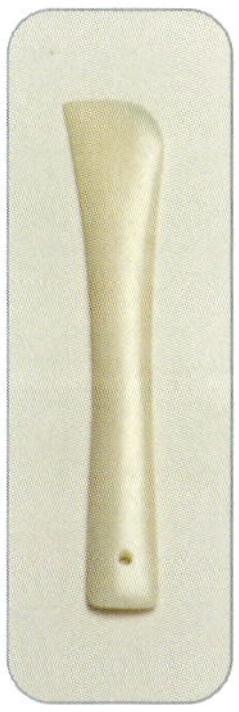

■ ルレット
穴が開くタイプは、手縫いのガイドにもなる

■ 目打ち
ダーツの先など、ポイント部分に使用する
ミシンがけの時にも役立つ

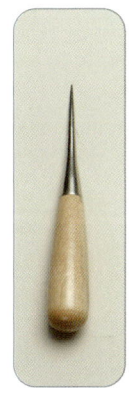

布用接着剤

■ 布用接着剤
布の接着に最適
風合いを損なわない物もある

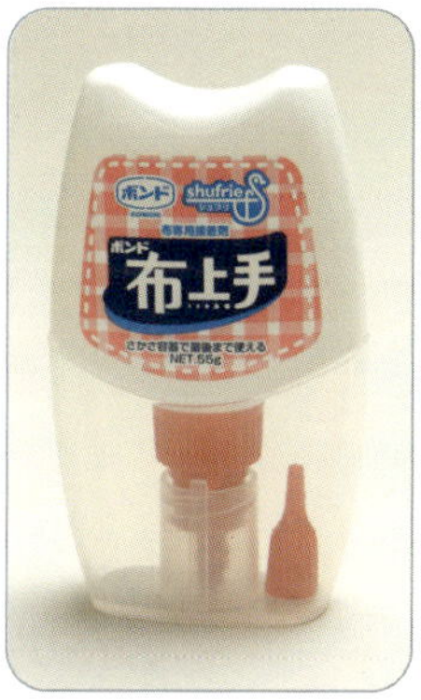

■ ほつれどめ液
リボンの切り口など、ほつれやすい箇所に塗る

「こちらの本のドレスはすべて手縫いでも製作出来ますが、ミシンがあると早くて仕上がりもきれいです！」

「色々な種類があるんだね」

ミシン

■ 家庭用ミシン
直線縫いの他に、伸びる素材を縫う時に便利なジグザグ縫いや、ボタンホールを作れるなど、1台に色々な機能が搭載されている

ハスクバーナ
「エメラルド116」
メーカー希望小売価格
102,900円

■ 職業用ミシン
直線縫いのみだが、縫い目のきれいさとすべるようなスムーズな縫い心地で、家庭用の他にもう一台こちらを購入する人もいるほど

JUKI
「SL-300EX」
メーカー希望小売価格
168,000円

■ ロックミシン
布の端をかがるためのミシンで、2本針4本糸のものは、カットソーを製作する事も出来る
巻きロック機能など、デザインとして役に立つ縫いが出来るのも魅力

baby lock
「衣縫人 BL57EXS」
メーカー希望小売価格
173,250円

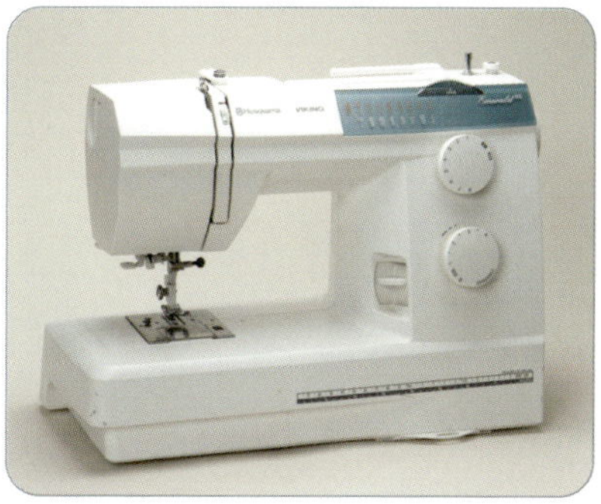

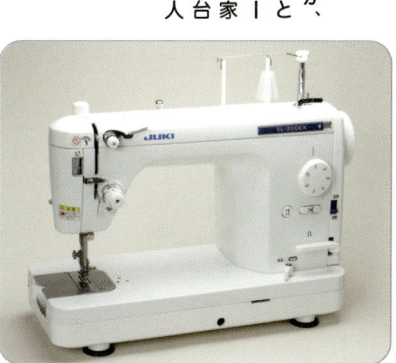

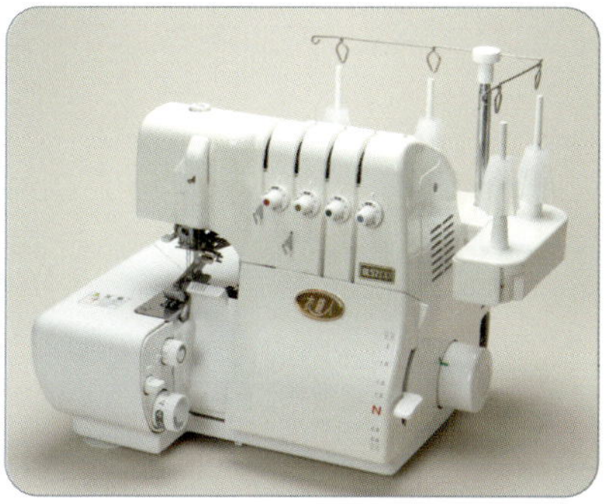

協力
ミシンプロ
〒151-0053
東京都渋谷区代々木2丁目5番1号 羽田ビル601
http://www.mishin-pro.com/

「ドール服のディーラーさんも大勢来ているお店だよ！」

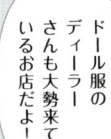

「ミシン専門店など、お店の方に色々と質問出来る所で購入すると安心です」

「試し縫いをさせてくれる親切なお店もあるので、近くにある方は是非行ってみよう！」

使用した布

綿シーチング　素材／綿100％

こちらの本ではミニワンピースとツーピースの表地として使用しています

[特徴]
- 色が豊富
- アイロンで折り目が付けやすい
- 安く手軽に手に入る

綿ローン　素材／綿100％

本来は表地としても使用しますが、こちらの本では裏地やペチコートに使用しています

[特徴]
- 薄い
- アイロンで折り目が付けやすい

綿ブロード　素材／綿100％

こちらの本ではエプロン・カフス・付け襟などに使用しています

[特徴]
- 色が豊富で比較的安価
- シーチングよりも少しパリっとしている
- 綿×ポリエステルの混紡もある

アムンゼン　素材／ポリエステル100％

こちらの本ではロングワンピース本体に使用しています

[特徴]
- 色が豊富でしわになりにくく、綿よりもフォーマルな雰囲気に仕上がる
- 化繊だがアイロンで折り目が付けやすい
- 比較的安価

黒や紺のドレスは、綿シーチングで制作するとちょっとホコリが目立ちます

暗い色で制作したい場合はアムンゼンがお勧めだよ！

ニット地　素材／綿や化繊

こちらの本ではランジェリーやソックスに使用しています

[特徴]
○ 伸縮性があり、ほつれにくい
○ ミシンだと織物に比べて縫いにくい

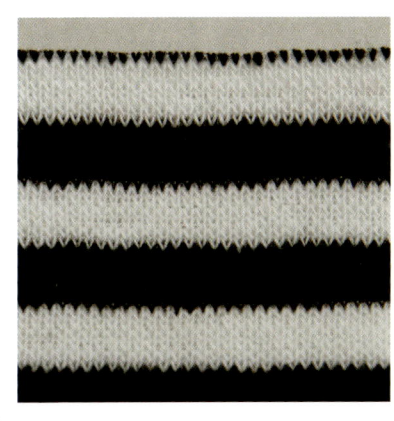

ネット地　素材／綿や化繊

こちらの本ではランジェリーやソックスに使用しています

[特徴]
○ 伸縮性があり、ほつれにくい
○ 柔らかい風合い
○ ミシンだと織物に比べて縫いにくい

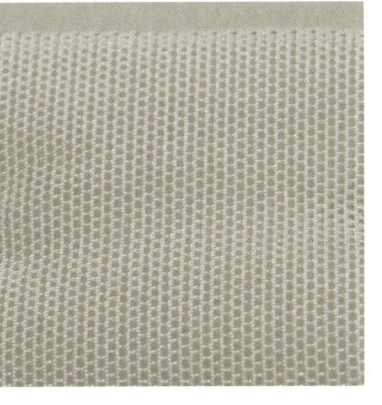

ポリエステルサテン　素材／ポリエステル100％

こちらの本ではランジェリーに使用しています

[特徴]
○ 光沢があり、繊細
○ ほつれやすい

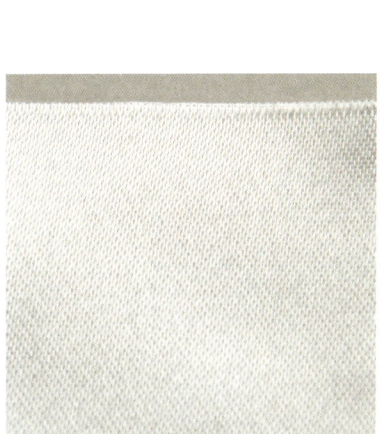

チュール　素材／ポリエステル100％

こちらの本ではハードチュールをパニエに使用しています

[特徴]
○ 張りがあるのでボリュームを出すためのアイテム制作に適している
○ ほつれないが、織物に比べて縫いにくい

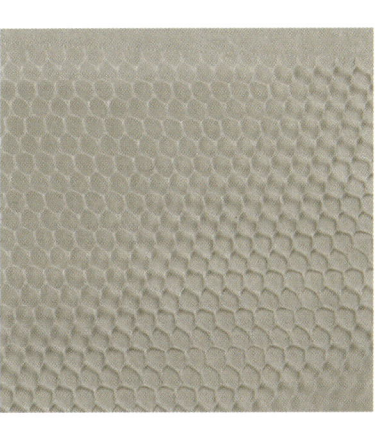

ニット地や薄い布ってミシンで縫いづらいんだけど……

[対処法]
● 下にハトロン紙などの薄い紙を敷いて縫う
● 押さえの圧力を弱くする
● ニット用の押さえを使う
● 縫い目を少しだけ大きくしてみる

布の下に紙を敷く

縫った後、ドライアイロンをかけて紙の水分を飛ばすと破りやすくなります

下に敷く紙は、型紙を切り取った時に出るものを使っちゃおう！

接着芯について

接着芯の種類

接着芯ってどんな役目があるの？

お洋服の補強や、伸びやすい部分の型くずれを防ぐために貼るんだよ

無いと襟ぐりが伸びちゃったりするの

■ 織物芯
[特徴]
○ 織物なので布となじみやすく
○ 不織布よりも柔らかく布が動くので、小さいパーツの裁断がちょっとしづらい
○ 貼った部分が織物芯よりも固くなる

■ 不織布芯
[特徴]
○ 紙のような感じで初心者でも切りやすい
○ 貼った部分が織物芯よりも固くなる

ドール用には出来るだけ薄地用の接着芯を使いましょう

※その他ニット用の接着芯もありますが今回はこのどちらかを使用します

接着芯の貼り方

すべて布の**裏面**に貼ります

芯にむら無く水分を付けるため、まず薄い紙（ハトロン紙など）を霧吹きで濡らす

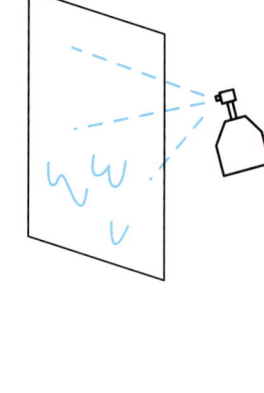

型紙を切り取った時に出る紙を使ってもいいよ！
水分がある方がしっかり付きます

布に接着芯を置き、濡らした紙をかぶせる

※直接貼ると、アイロンに糊が付いて大変な事になるので注意！

まずはアイロン（温度は中）を布や芯がずれないように優しく置いてから、数秒ギュ〜っと圧力をかけておさえる

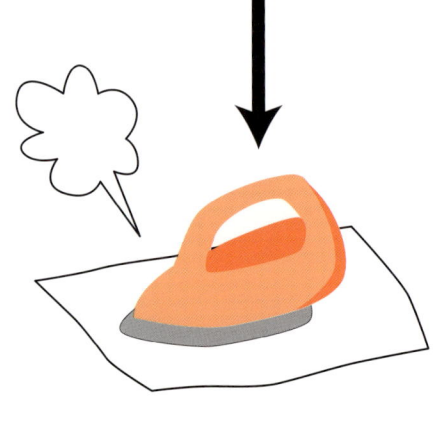

スチームアイロンでもいいよ！
熱と水分と圧力でしっかり貼ろう！
ある程度冷めるまで動かさないでね

接着芯には、貼るとかなり縮む物があります
事前に試し貼りをしてチェックしておきましょう
縮む芯は、先に布に貼ってから裁断すると良いです

水通しと地直し

水通し

綿や麻などの植物の繊維素材は縮む事があるので、出来れば一度水で濡らしておく事をお勧めします

色落ちのチェックも同時に出来るね

レースやテープなども一度水に濡らしておこう

レーヨンが入っている物は、アイロンがけの時の霧吹きでも縮む事があるから注意してね

布目が歪まないよう、竿やハンガーを使用して干す

このように干すと歪んでしまう

地直し

明らかに布目が歪んでいる場合は布をギュッと引っ張って出来るだけ直角のきれいな布目に整えます

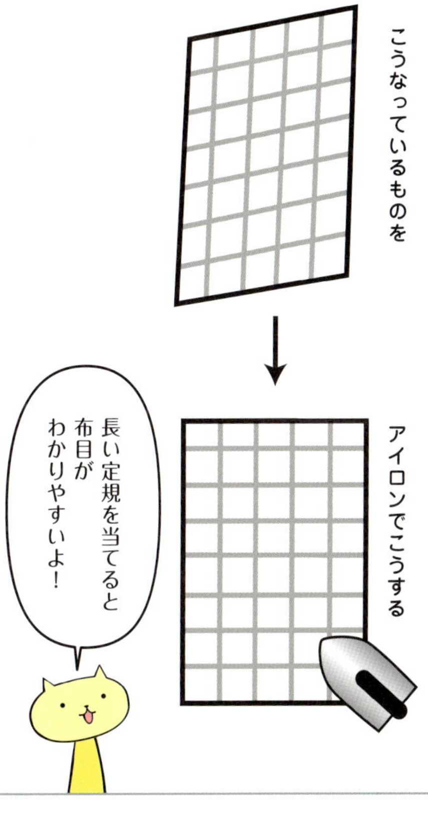

こうなっているものを

↓

アイロンでこうする

長い定規を当てると布目がわかりやすいよ！

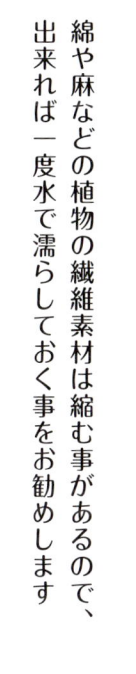
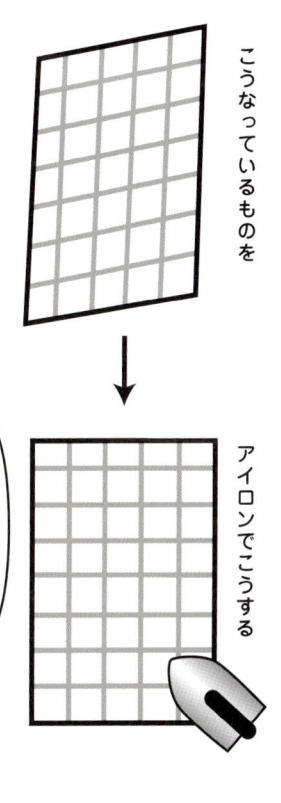

9割くらい乾いた状態が作業しやすいです
完全に乾いてしまった場合は霧吹きで軽く濡らしてから地直しをしましょう

全体に軽く霧吹きをかけて…

↓

ビニールに入れ、30分〜1時間くらい置いておくと、全体が均等に湿ります

化繊の布（アムンゼン）は歪みにくいのでパッと見シワなどがなければ水通しもアイロンがけもしなくてOK！
ニットも伸びやすいので、水通し無しで製作しましょう

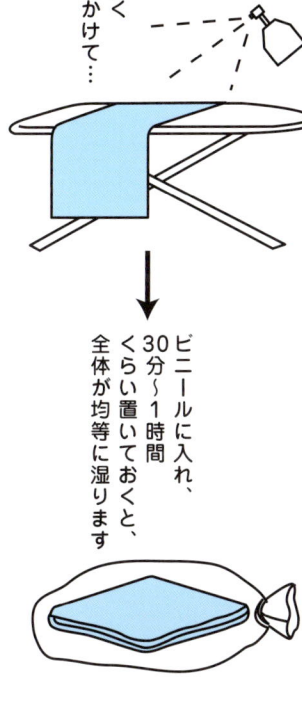

型紙について

型紙は別の紙に写しとるか
コピーして使用してください

「本の最後に大きな紙が付いているよ」

「この紙をそのまま切らないでね」

「別の紙に写し取るか、コピーして使おう」

「型紙はすべて原寸大です拡大はしなくて大丈夫！」

型紙を切る時は裁ちバサミではなく
必ず紙切りバサミを使用しましょう

紙は裁ちバサミではダメ！

「裁ちバサミで紙を切ると、布が切れなくなっちゃうよ！」

「必ず紙切り用のハサミを使ってね！」

そうなんだ

型紙はランジェリーやソックスなど
一部を除き、すべて
縫い代が5ミリになっています

布に出来上がり線を描き込まなくても、ミシンの押さえ
の幅や目盛りを上手く利用しながら縫うと作業が楽です

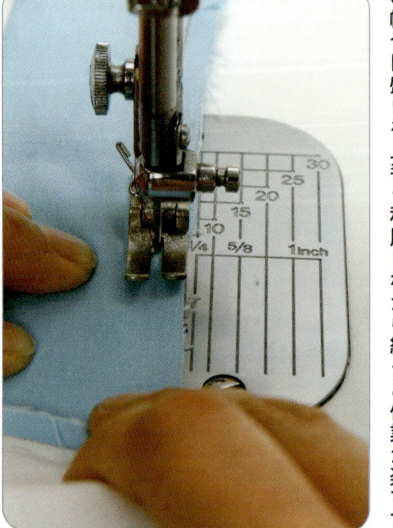

ミシンに目盛りが付いていると便利

目盛りが無い場合は紙にペンで描いて
ミシンに貼付けてもよい

26

手縫いで作りたいから布に出来上がり線を描き込みたいんだけど……

型紙を縫い代無しの状態に切っちゃっていいのかな?

う〜ん、それでもいいけど、こんな方法もあるよ

縫い代ありと無しのパターンを両方用意する

一度縫い代ありのパターンで裁断した後……

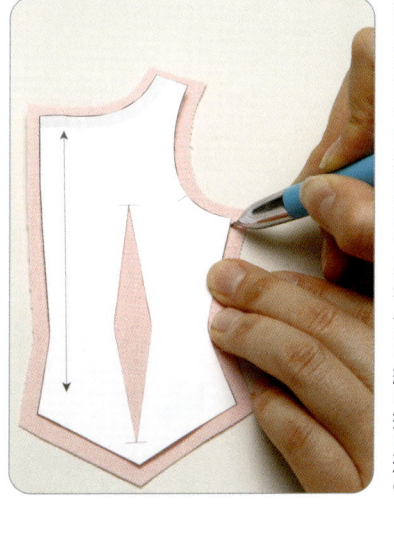

縫い代無しを中央に置いて出来上がり線を描き込む

型紙をマスキングテープで貼ると作業がしやすいよ

こうすると布に縫い代を自分で描き込む手間が省けるのか〜

この本のパターンは、パーツ同士を合わせやすくするため、両端がなるべくピッタリそろうように縫い代を処理しています

何も処理しないとこうなる

出来上がり線は合っていても、縫い代の長さが違うからピッタリ合わなくなるんだね

手縫いの場合で何着か作りたい時は、そのつど自分で縫い代を描き込まなくていいから便利かも

同じパターンでも縫い代の幅がパーツごとにピッタリ合っていたら作業しやすいです

やりやすいなと思う方法でパターンや布を切り取ってね!

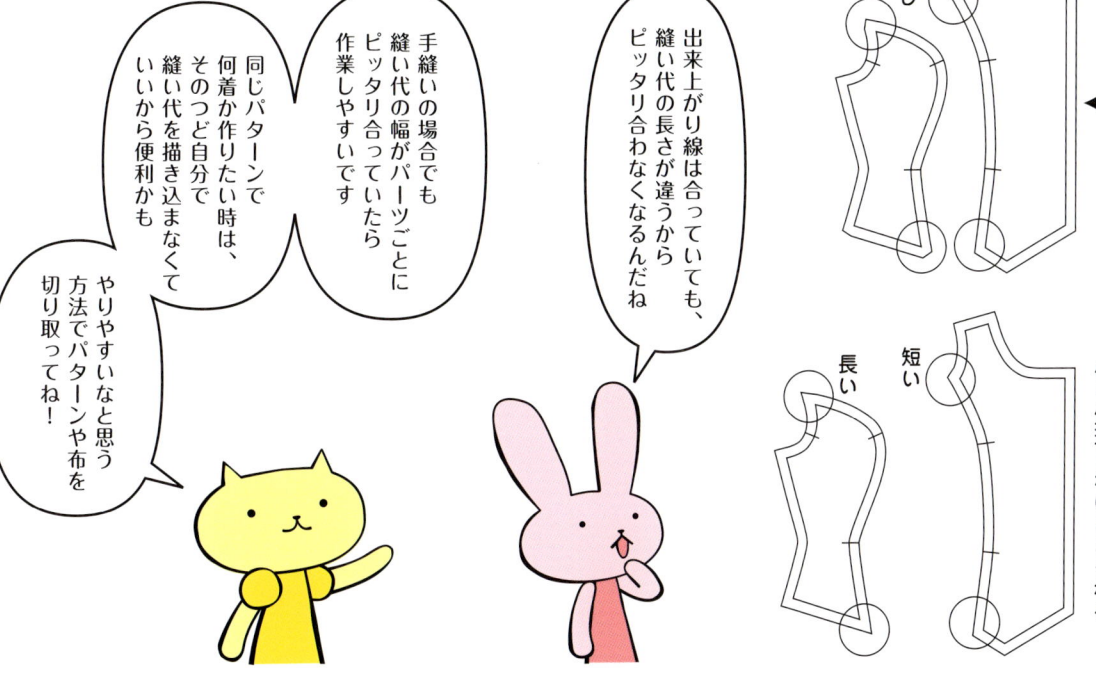

縫い方

手縫い

■ なみ縫い
基本の縫い方
パーツを縫い合わせる時

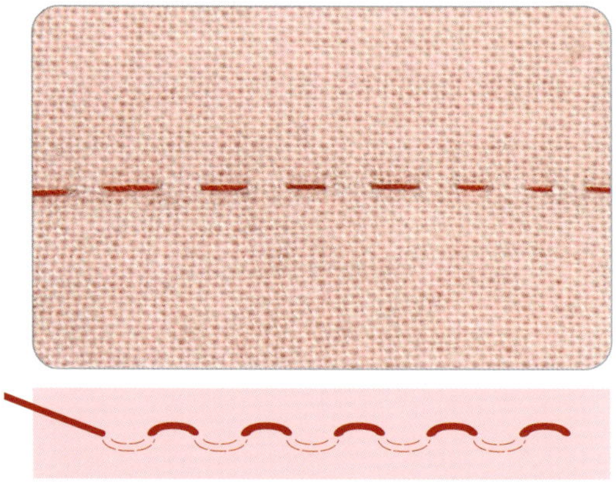

■ 返し縫い・半返し縫い
ニット地など伸縮性のある布を縫う時

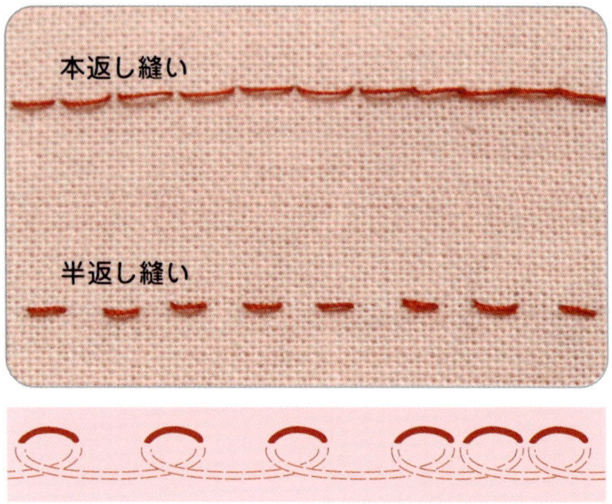

本返し縫い
半返し縫い

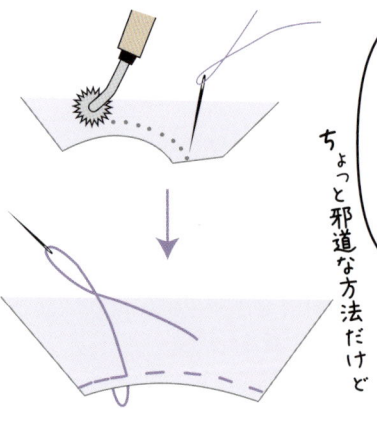

なみ縫いが上手く出来ない〜

ギザギザルレットで穴を開け、なみ縫いを往復する方法もあるよ
ちょっと邪道な方法だけど

■ ハシゴまつり（コの字縫い）
開きを閉じるとき

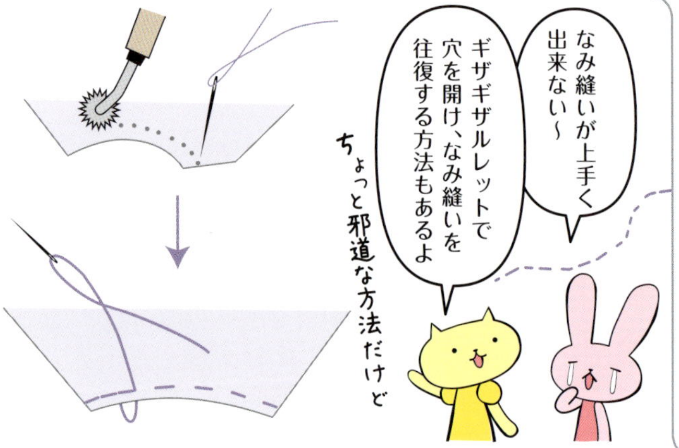

ミシン縫い

■ 直線縫い
基本の縫い方
パーツを縫い合わせる時

■ 粗ミシン
ギャザーをよせる時

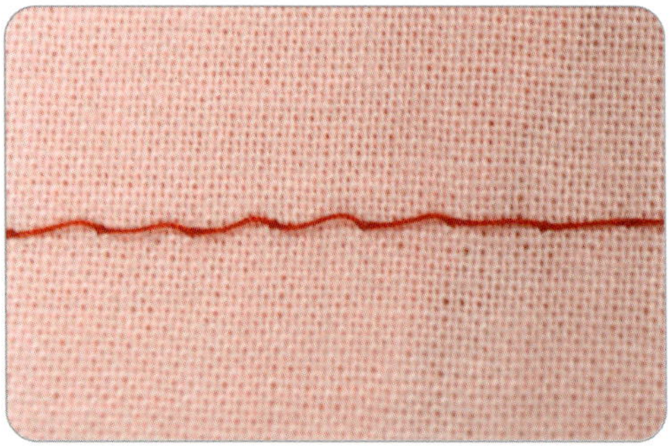

■ ジグザグ縫い
ソックスの履き口など伸縮性のある箇所を縫うとき

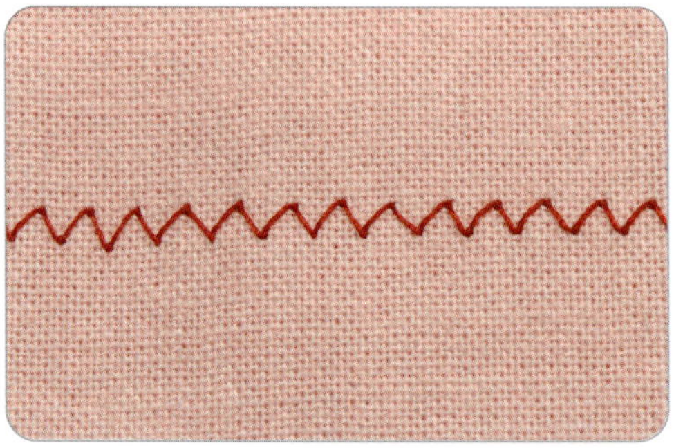

ミシン縫いは最初と最後をZ状に返し縫いをすれば、結ばなくてもほどけてこない

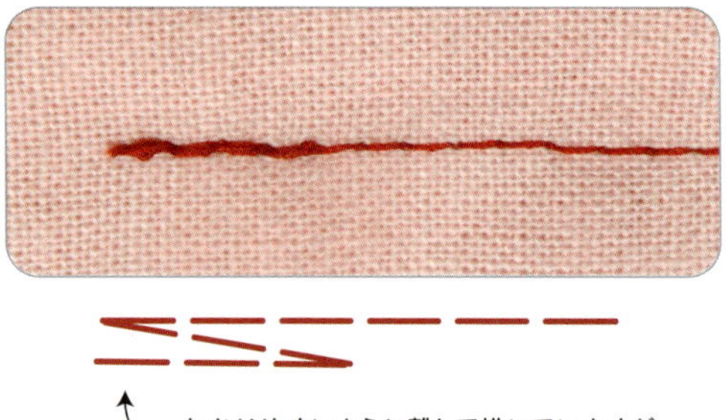

↑ わかりやすいように離して描いていますが同じ位置で重なるように往復する

28

縫った部分がほつれてこないように、最初と最後に玉を作るよ！

玉結び

人差し指に2回くらい糸を巻いてよじる

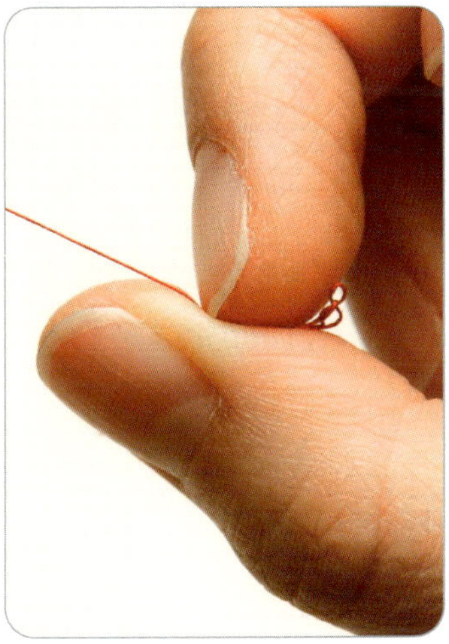

ゆっくり引っ張って輪を小さくしていく

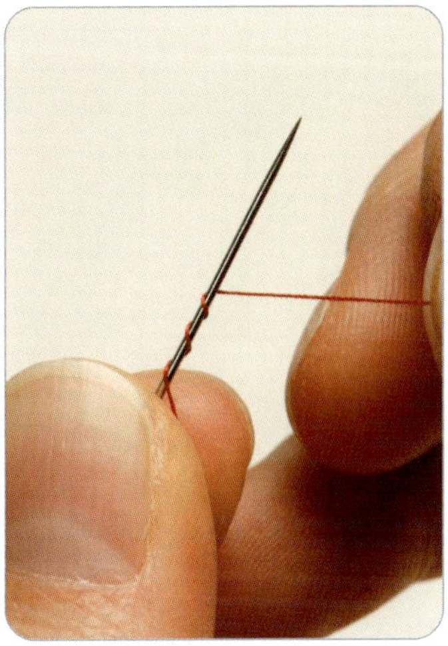

針に糸を数回巻き、巻いた部分を押さえながら糸を引っ張る方法もある

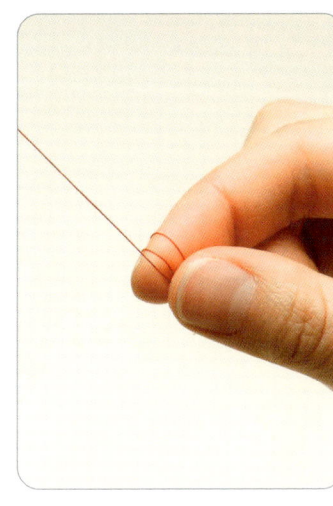

玉止め

糸が出ている部分に針を置き、糸を数回からめる

からめた部分がゆるまないよう、爪でしっかり押さえて最後まで引っ張る

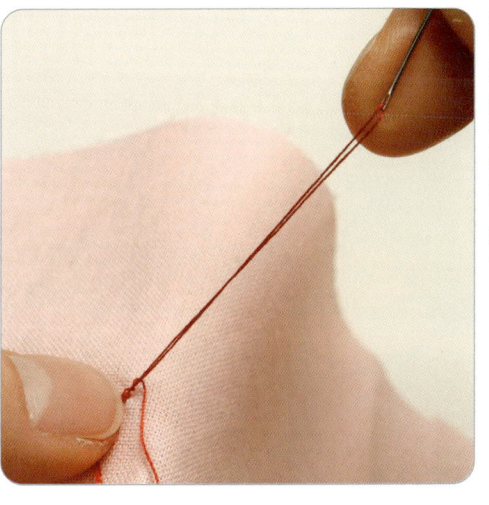
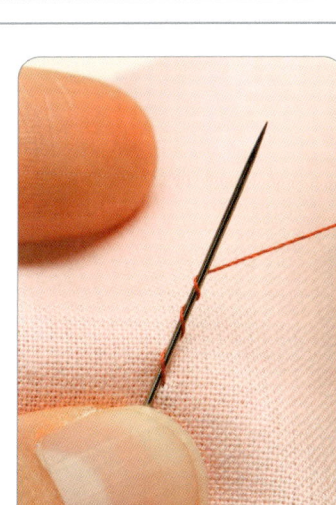

わかりました！

この本では見やすいように赤い糸で縫い方を説明しています
実際に製作する際は、布と同じ色の糸を使用してください

待ち針の止め方

■手縫いの場合
縫い代よりも内側にとめると作業の邪魔にならない

■ミシン縫いの場合
横にとめて、ミシン針直前で抜きながら縫うと時間短縮！
※外すのを忘れるとミシン針に当たって危険なので注意する

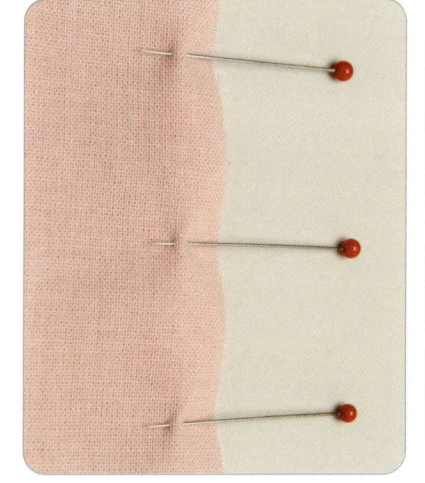
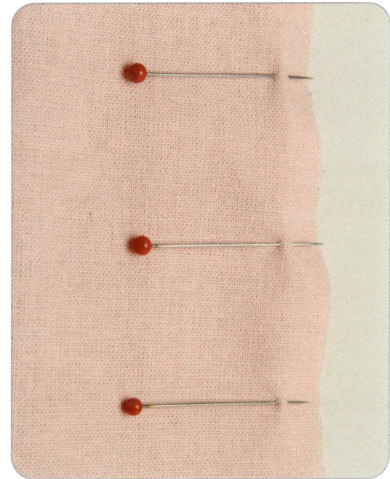

型紙の置き方

裁断

はさみで裁断してもいいですが……　待ち針の代わりにマスキングテープでとめて、ロータリーカッターで切るとゆがみなく切れますよ！

布に貼付けるだけなので待ち針よりも楽かも…

※カッティングボードの上で切って下さい。

この本のパターンは、人間用の型紙と違い、ボディラインに合わせて微妙に曲線になっています

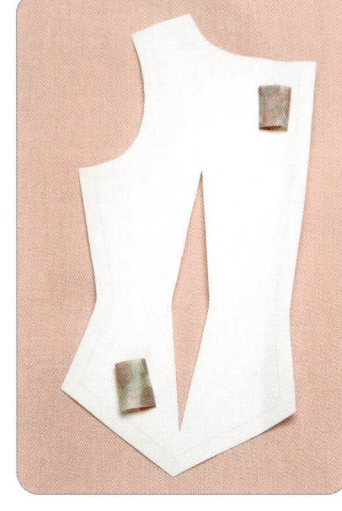

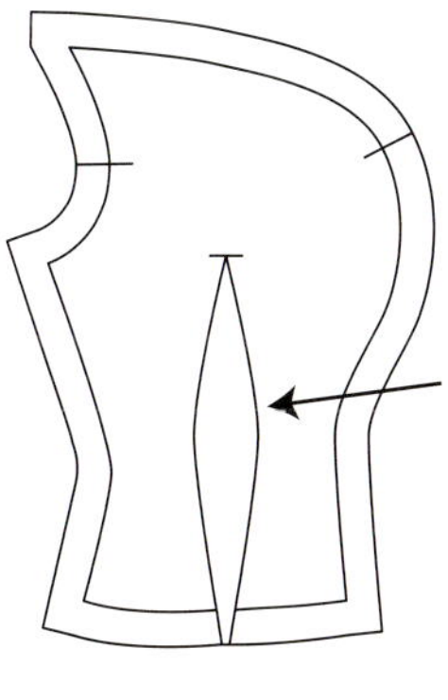

パターンのダーツ部分を切り抜いてチャコで描くか

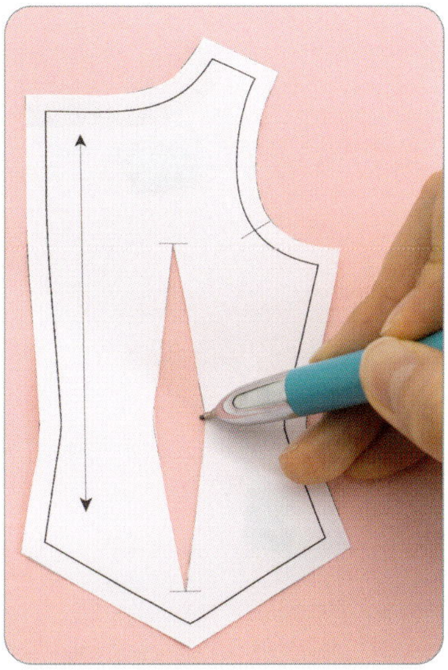

ギザギザルレットや洋裁のヘラで線を付けるとよい

どうやって描き写したらいいの？

パターンに記載されている「合い印」も忘れずに入れておいてね！

とても便利だよ

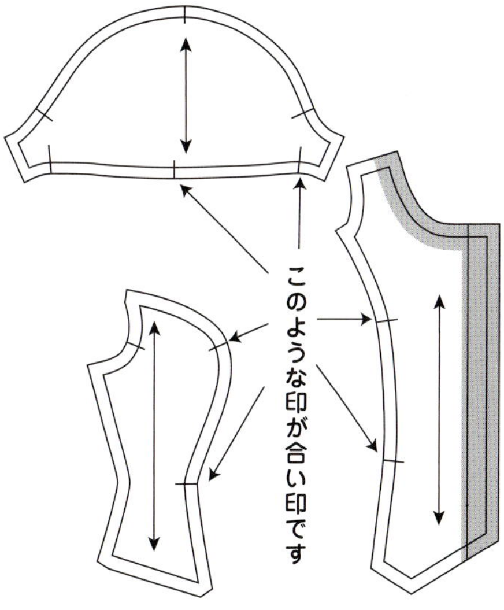

このような印が合い印です

チャコで書くか、ハサミで3ミリくらいのノッチ（切り込み）を入れる

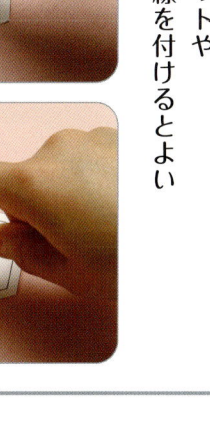

カーブの切り込みと間違えそうな場合はチャコで印を描いておこう

先でちょこっと切るくらいなら、裁ちバサミでも大丈夫です

切りすぎないよう注意！

One Piece

material 材料

- 綿シーチング(表地)…90cm幅×50cm
- 綿ブロード(きりかえ・カフス部分)…適量
- 綿ローン(裏地)…90cm幅×50cm
- 接着芯…適量
- スナップ…4組くらい
- リボン(0.3cm幅)…4m
- フリルレース(1cm幅くらい)…50cm

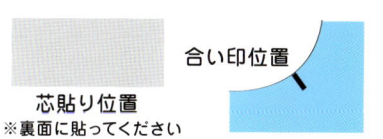

芯貼り位置
※裏面に貼ってください

合い印位置

必要パーツ　芯貼り位置　合い印

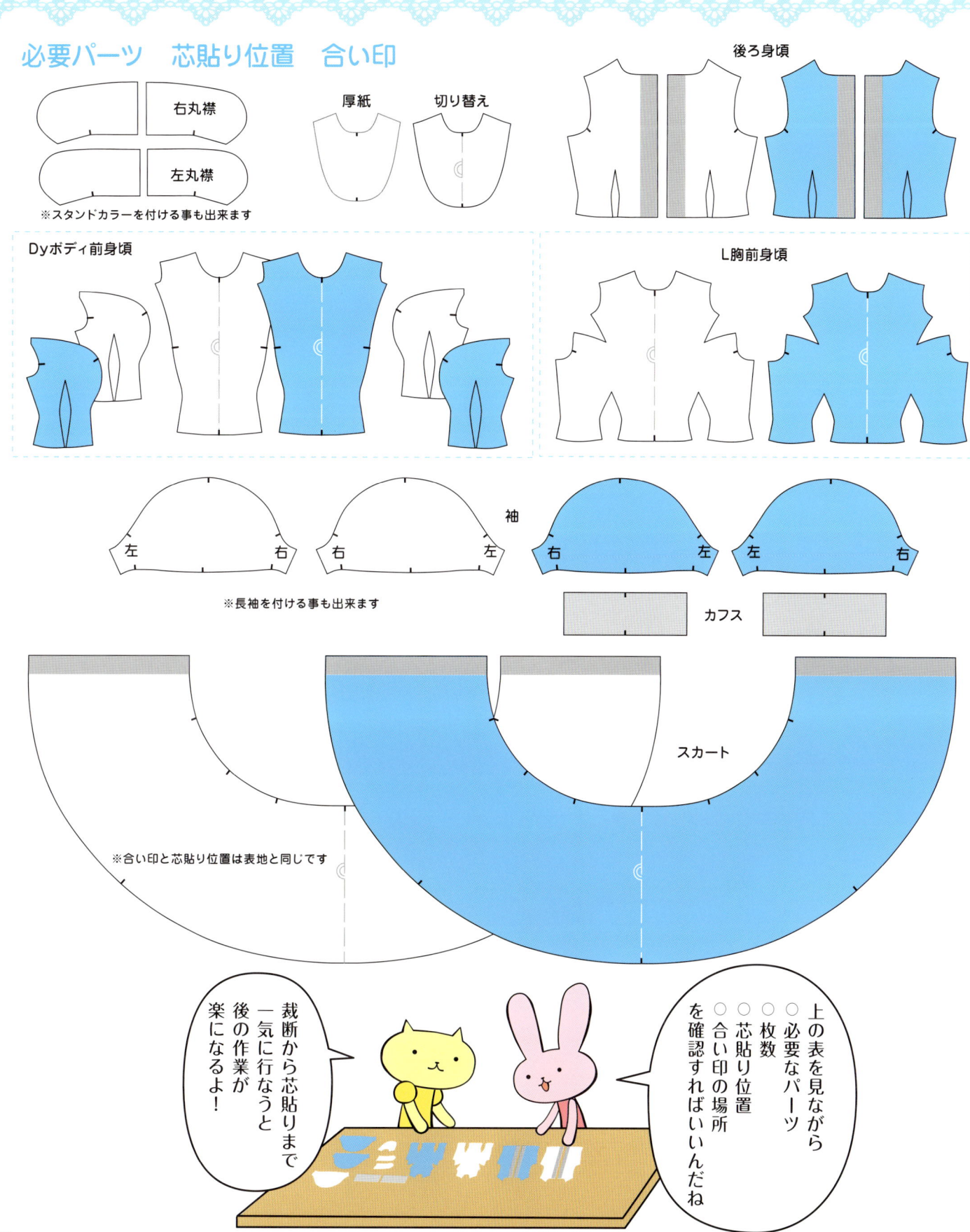

右丸襟 / 左丸襟
※スタンドカラーを付ける事も出来ます

厚紙　切り替え

後ろ身頃

Dyボディ前身頃

L胸前身頃

袖　左 / 右
※長袖を付ける事も出来ます

カフス

スカート
※合い印と芯貼り位置は表地と同じです

裁断から芯貼りまで一気に行なうと後の作業が楽になるよ！

上の表を見ながら必要なパーツ ○枚数 ○芯貼り位置 ○合い印の場所を確認すればいいんだね

One Piece

材料

- 綿シーチング（表地）…90cm幅×90cm
- 綿ブロード（きりかえ部分）…適量
- 綿ローン（裏地）…90cm幅×90cm
- 接着芯…接着芯
- スナップ…5組くらい
- フリルレース（1cm幅くらい）…40cm

芯貼り位置
※裏面に貼ってください

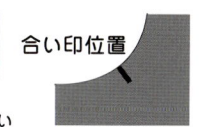
合い印位置

必要パーツ　芯貼り位置　合い印

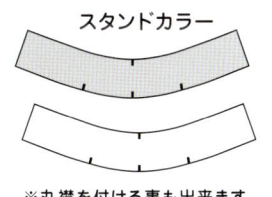
スタンドカラー
※丸襟を付ける事も出来ます

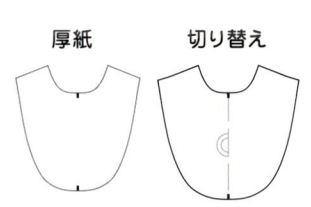
厚紙　切り替え

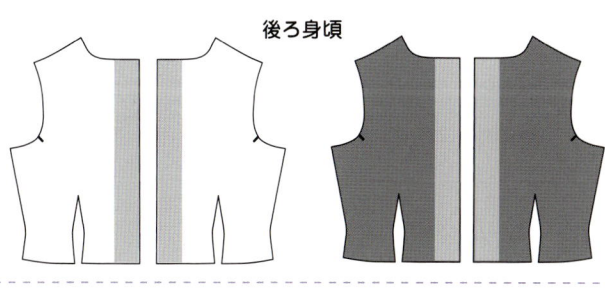
後ろ身頃

Dyボディ前身頃

L胸前身頃

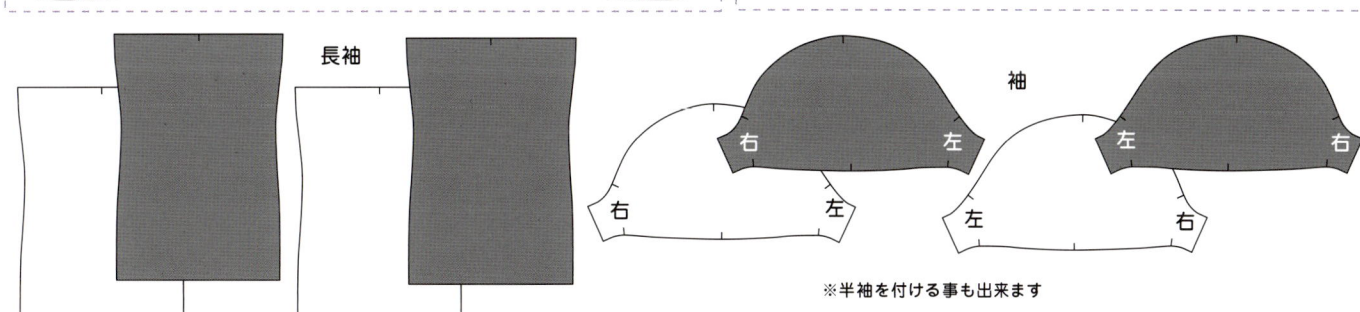
長袖　袖
※半袖を付ける事も出来ます

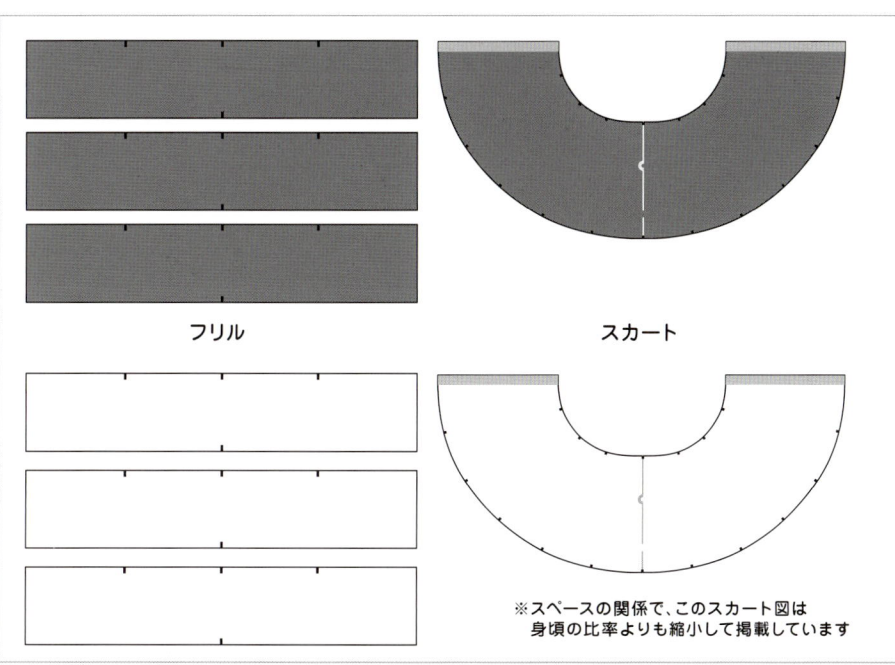
フリル　スカート
※スペースの関係で、このスカート図は身頃の比率よりも縮小して掲載しています

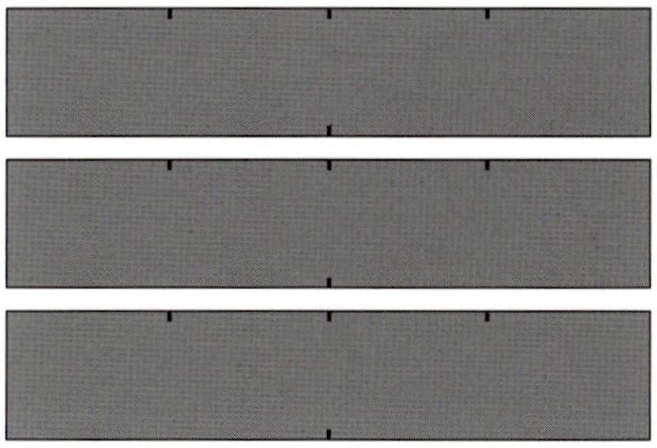

注意！
次のページからの作り方では、ロング丈ワンピースも青い布で解説しています

ワンピース 身頃の縫い方
One Piece
L胸ボディ、ダイナマイトボディ共通

前身頃、後ろ身頃のダーツを縫う

まずは身頃を作ろう！

Dyボディ 前身頃
前身頃と脇のパーツに分かれています

前脇のダーツを縫う

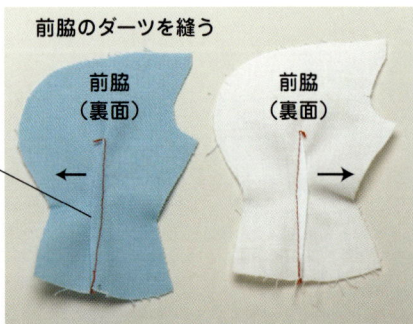

表地は身頃側、裏地は脇側に倒す

縫い代を倒す方向を表地と裏地で逆になるようにすると厚みが分散されます

前身頃に縫い付ける

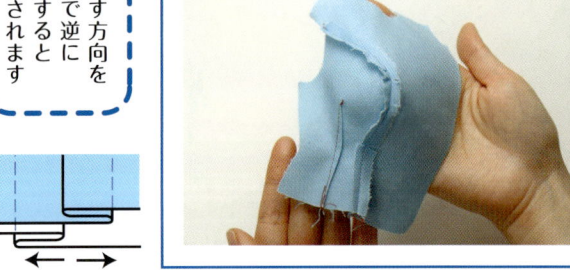

L胸ボディ 前後身頃

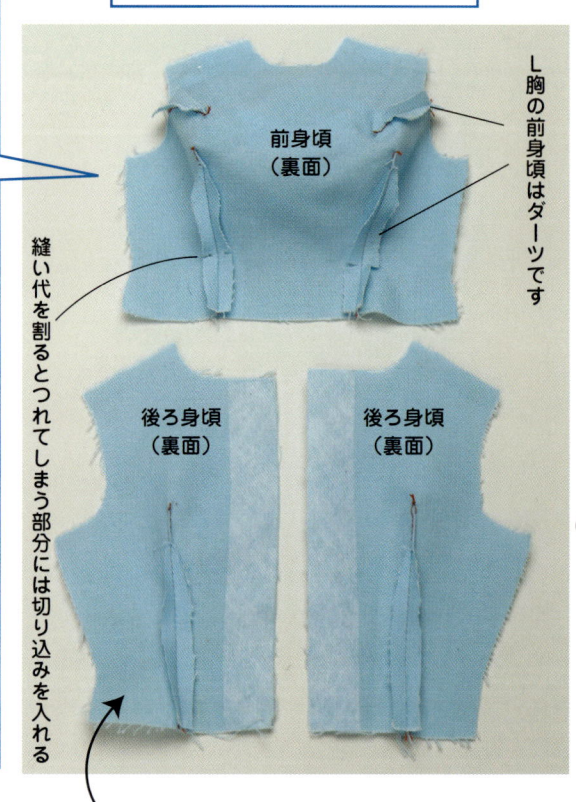

前身頃（裏面）

L胸の前身頃はダーツです

後ろ身頃（裏面）　後ろ身頃（裏面）

縫い代を割るとつれてしまう部分には切り込みを入れる

Dyボディも後ろ身頃も同じような形です

ダーツは先端を少し切りってギリギリまでアイロンで割り、先端のみ片方に倒す

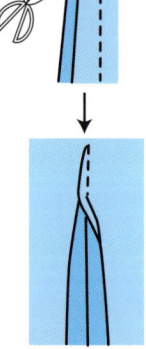

切り替え部分を作る

肩と襟ぐり以外をアイロンで折る

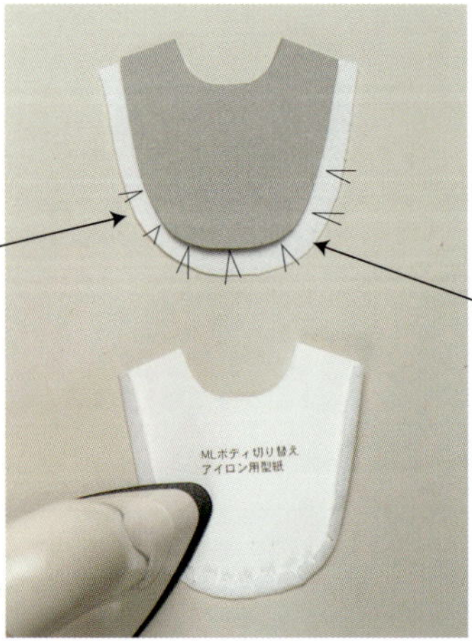

折りやすいように厚紙でガイドを作っておく

カーブ部分にV字の切り込みを入れて、折った時に縫い代が重ならないようにするとよい

身頃に縫い付ける

レースも付ける（ひっぱりすぎないように注意！）

手縫いでもミシンでもいいよ

この部分

36

前身頃と後ろ身頃の肩を合わせて縫う
※裏地もまったく同じように縫います

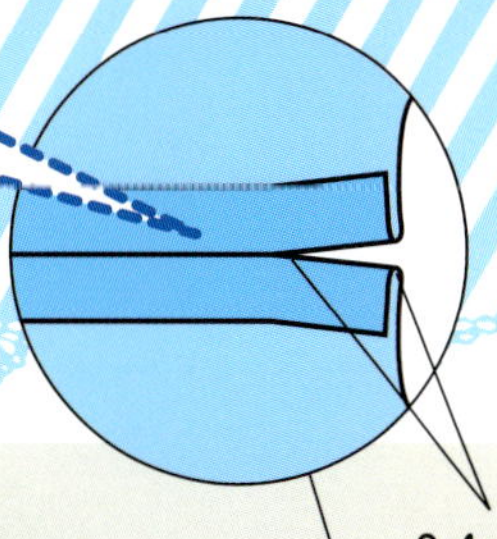

襟ぐり、裏地の脇部分は端まで縫わずに少し手前で返し縫いをしておく

0.4cmくらい

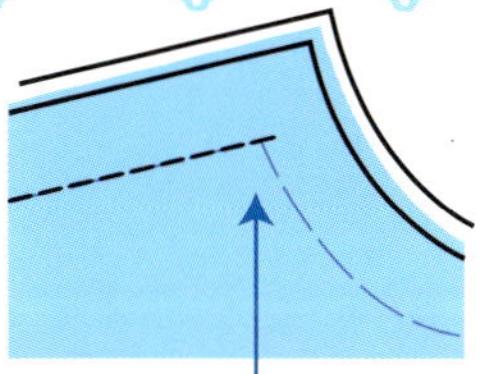

出来上がり線よりも1目出る感じのところで止める

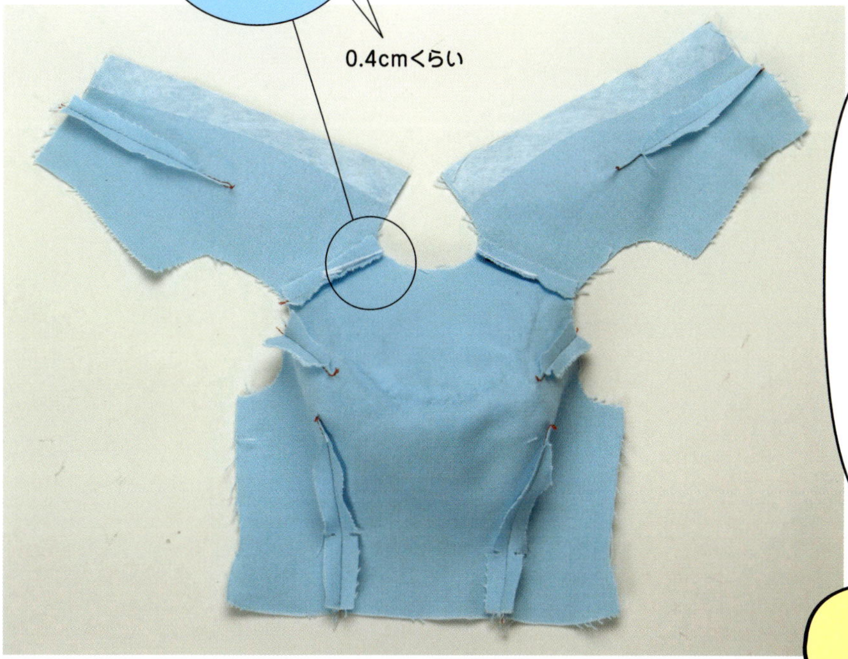

少し縫い残しておくと、表に返す時、切り込みと同じ役目をするんだよ

後で切るよりもちょっときれいに出来るの

ここからはL胸ボディのパーツで解説していきますがDYボディも作り方は全く同じです

注）表地の脇はまだ縫わないでください

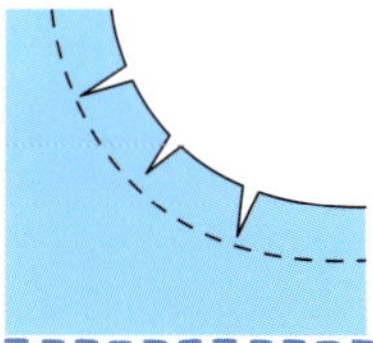

裏地のみ、袖ぐりをアイロンで0.5cm折ってから脇を縫う

裏地の袖ぐりの縫い代は、脇を縫う前に必ず切り込みを入れてアイロンで折っておこう！

このひと手間が、後で役に立つよ！

この状態で身頃はいったん休憩です

次は袖作り！

がんばろう！

One Piece & Two Piece
袖の縫い方
ワンピース、ツーピース共通/L胸ボディ、ダイナマイトボディ共通

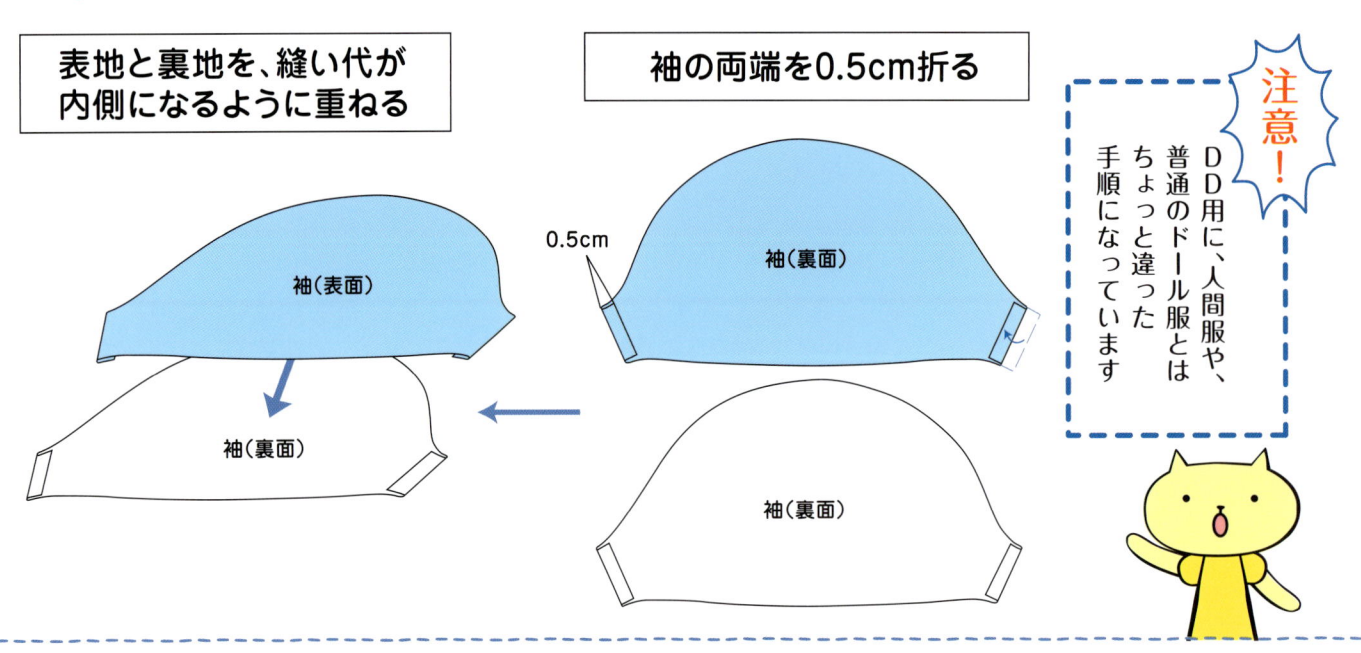

表地と裏地を、縫い代が内側になるように重ねる

袖の両端を0.5cm折る

注意！ DD用に、人間服や、普通のドール服とはちょっと違った手順になっています

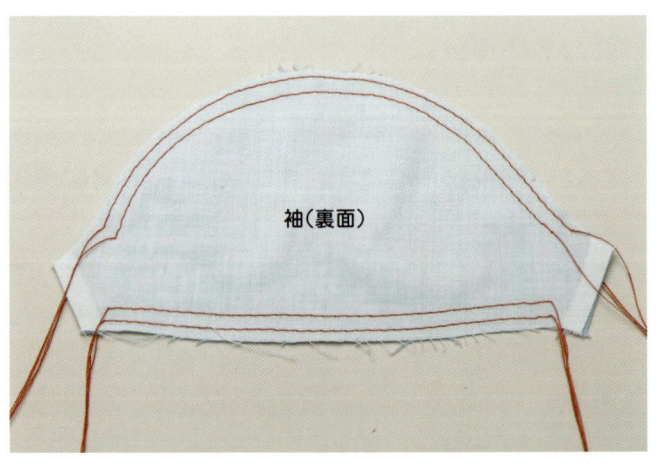

袖の上下に、合い印の間をギャザー用の粗ミシンをかけておく（手縫いでもOK）

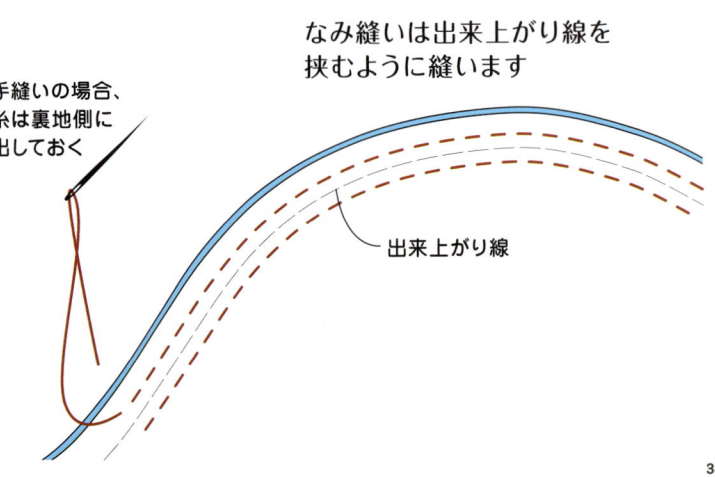

なみ縫いは出来上がり線を挟むように縫います

手縫いの場合、糸は裏地側に出しておく

出来上がり線

38

半袖の作り方

袖とカフスを縫う

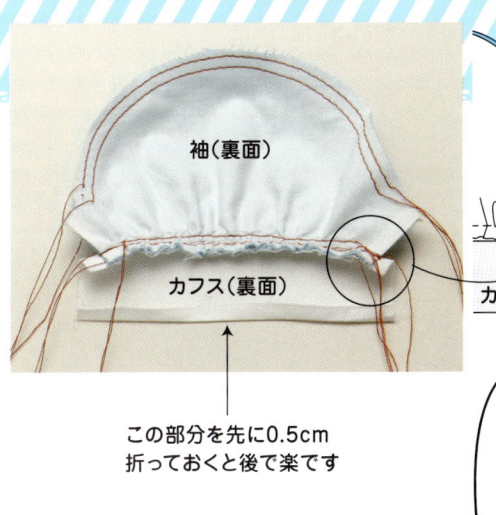

袖（裏面）

カフス（裏面）

0.5cm

カフス（裏面）

この部分を先に0.5cm折っておくと後で楽です

このように、カフスの端から少し内側に縫い付けてね

普通とはちょっと違った付け方だよ

袖下とカフスを待ち針でとめる

両端をカフスの端から0.5cm内側に合わせて待ち針で止め、中心にも待ち針を止める

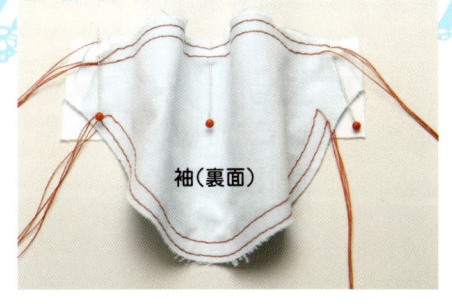

袖（裏面）

糸を引っ張ってカフスと同じ長さになるようにギャザーをよせる

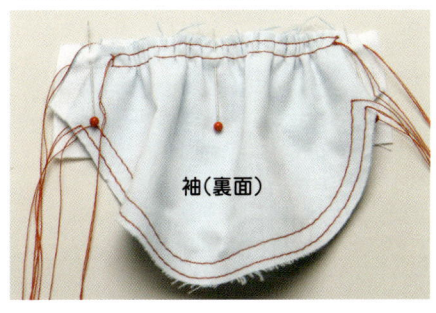

袖（裏面）

長袖の作り方

上袖と下袖を縫う

上の半袖と同じように待ち針を止めてギャザーをよせる

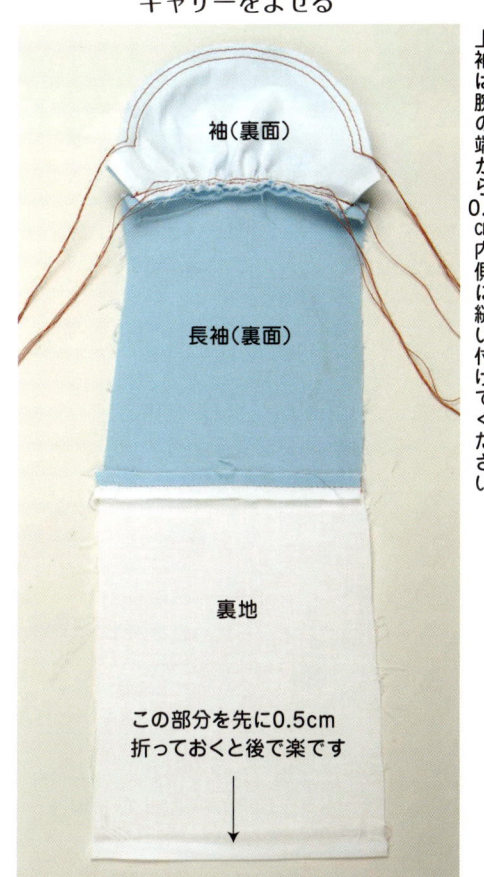

袖（裏面）

長袖（裏面）

裏地

この部分を先に0.5cm折っておくと後で楽です

上のカフスの場合と同じで、上袖は腕の端から0.5cm内側に縫い付けてください

裏地と表地の腕を中表に合わせて袖口のみを縫い合わせる

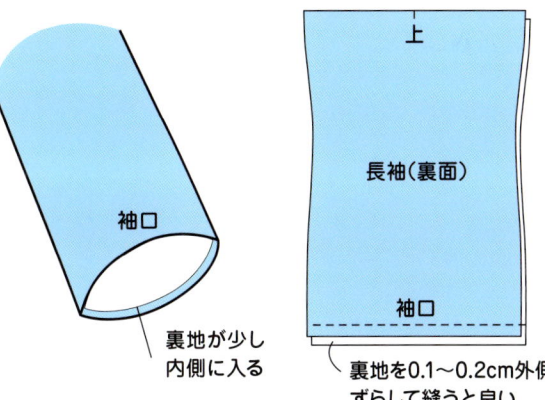

袖口

裏地が少し内側に入る

上

長袖（裏面）

袖口

裏地を0.1〜0.2cm外側にずらして縫うと良い

上

長袖（裏面）

袖口はアイロンで割っておく

裏地

なるほど〜

ずらした分だけ裏地が短くなるので、このように表から見えにくくなるんだよ

39

One Piece & Two Piece
袖を身頃に付ける

ワンピース、ツーピース共通／L胸ボディ、ダイナマイトボディ共通

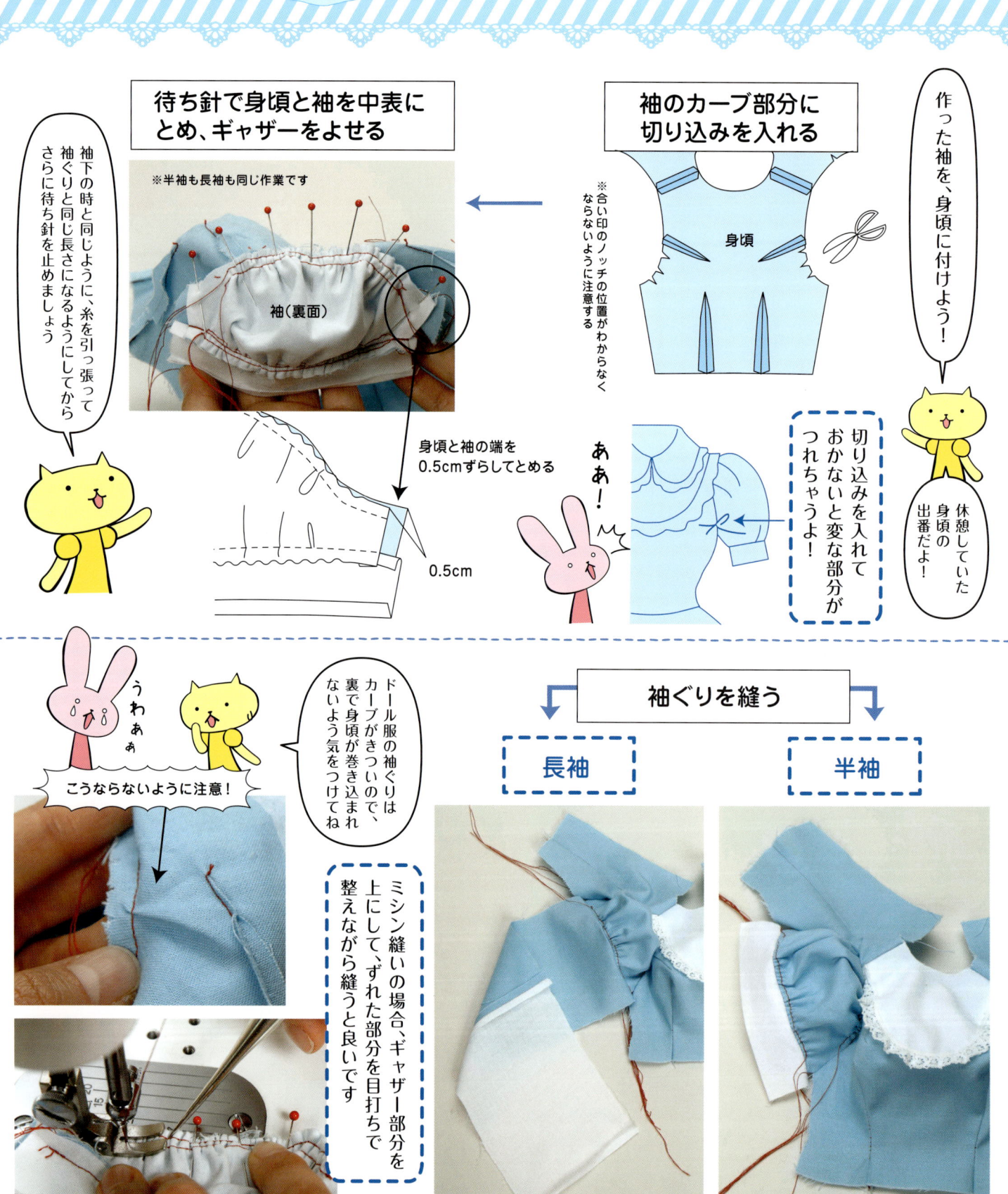

待ち針で身頃と袖を中表にとめ、ギャザーをよせる

※半袖も長袖も同じ作業です

袖（裏面）

身頃と袖の端を0.5cmずらしてとめる

0.5cm

袖下の時と同じように、糸を引っ張って袖ぐりと同じ長さになるようにしてからさらに待ち針を止めましょう

袖のカーブ部分に切り込みを入れる

※合い印のノッチの位置がわからなくならないように注意する

身頃

作った袖を、身頃に付けよう！

休憩していた身頃の出番だよ！

切り込みを入れておかないと変な部分がつれちゃうよ！

ああ！

こうならないように注意！

うわぁぁ

ドール服の袖ぐりはカーブがきついので、裏で身頃が巻き込まれないよう気をつけてね

ミシン縫いの場合、ギャザー部分を上にして、ずれた部分を目打ちで整えながら縫うと良いです

袖ぐりを縫う

長袖　　半袖

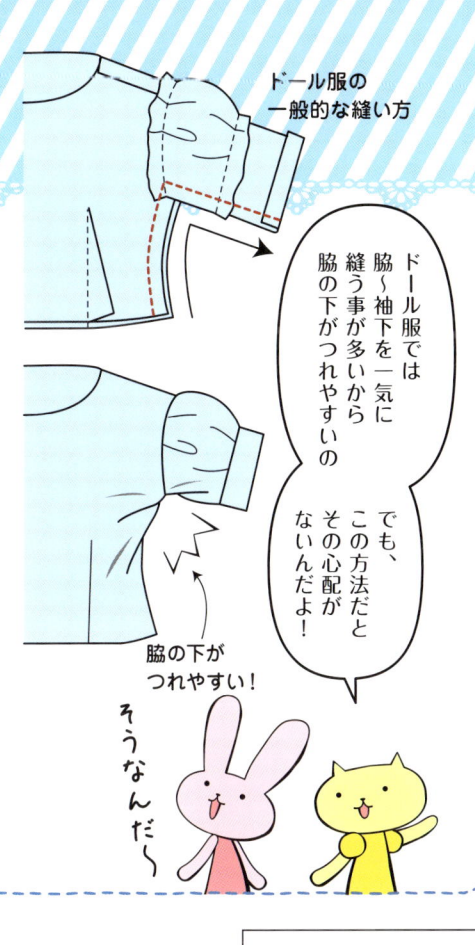

脇・袖下を縫う

長袖 / **半袖**

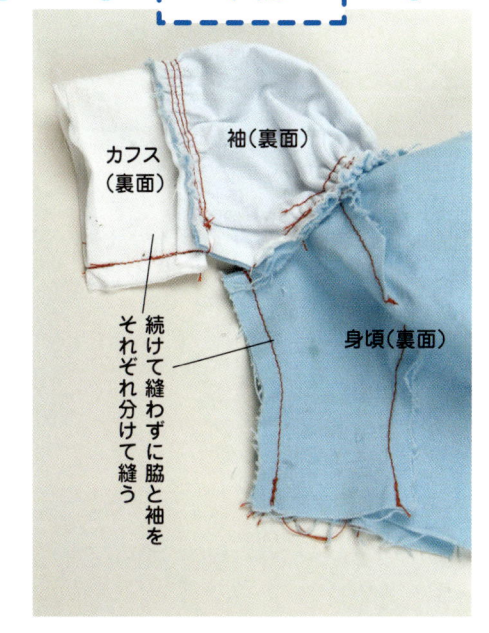

ドール服の一般的な縫い方

ドール服では脇〜袖下を一気に縫う事が多いから脇の下がつれやすいの

でも、この方法だとその心配がないんだよ！

脇の下がつれやすい！

そうなんだ〜

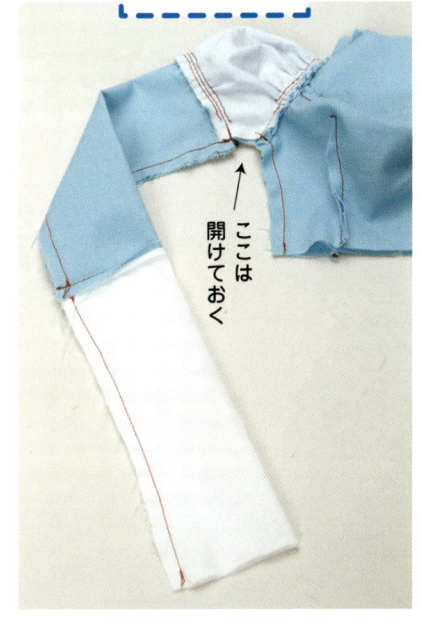

ここは開けておく

カフス（裏面）
袖（裏面）
身頃（裏面）

続けて縫わずに脇と袖をそれぞれ分けて縫う

裏地と表地の袖下をまつる ← アイロンで縫い代を割り、下袖部分をまつる

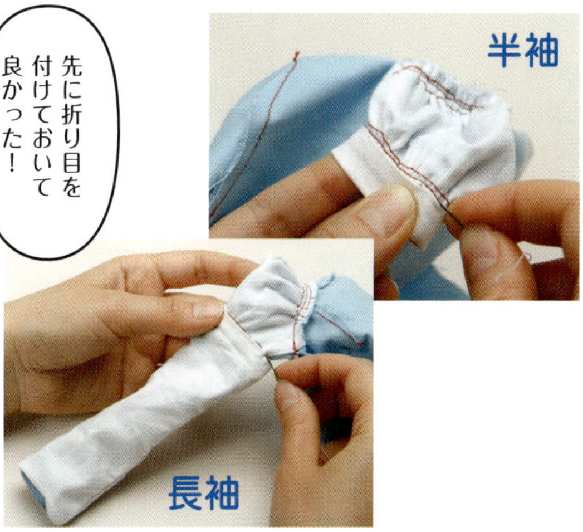

裏地やスカートを付ける前に、次は襟を作るよ！

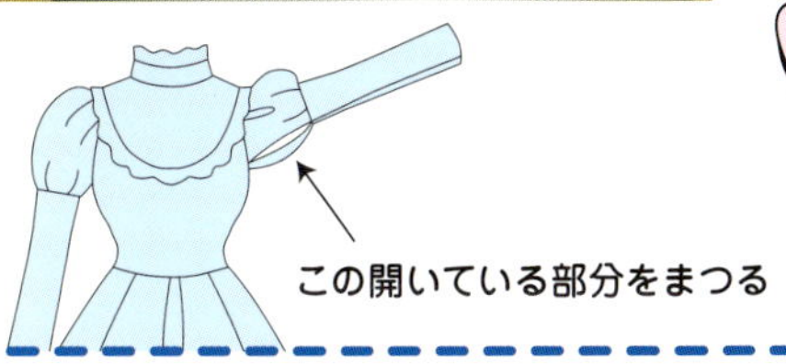

袖の裏が真っ白だから、色移り防止になるね

先に折り目を付けておいて良かった！

半袖

長袖

この開いている部分をまつる

縫い代を袖側に倒したい場合は表地のみ身頃に縫い付け、裏地は身頃に縫い付けない

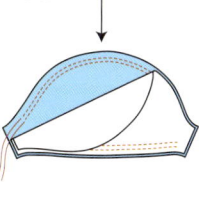

袖ぐりの裏地をまつる際、裏地の袖山にタックをたたんで身頃に縫い付けをかぶせるようにまつってください

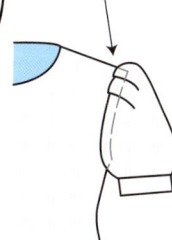

袖山のギャザーは表地のみ

袖の縫い代を折ってまつる

お洋服の構造がある程度わかる中級者さん向けの方法です

袖山のシルエットが少し変わる

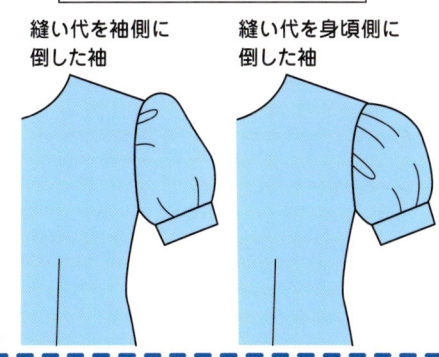

縫い代を袖側に倒した袖 / 縫い代を身頃側に倒した袖

ロックミシンの無い方向けに、袖ぐりの縫い代を身頃の中に隠す方法で縫っています

ワンピース　丸襟の作り方と付け方

One Piece

L胸ボディ、ダイナマイトボディ共通

表に返してレースを付ける

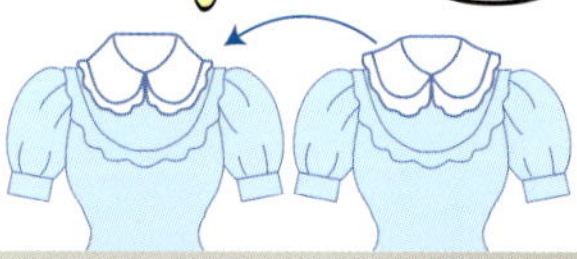

引き出す一手間で襟が反りにくくなるよ！

手縫いでもミシン縫いでもかまいません

引っぱりぎみになりやすいのでちょっとゆるめに縫い付けよう！

角はカットする

カーブ部分に切り込みを入れる

裏面

右襟と左襟を作る

襟のパーツを図のように置き、下の方を少しだけ引き出して襟ぐり以外を縫う

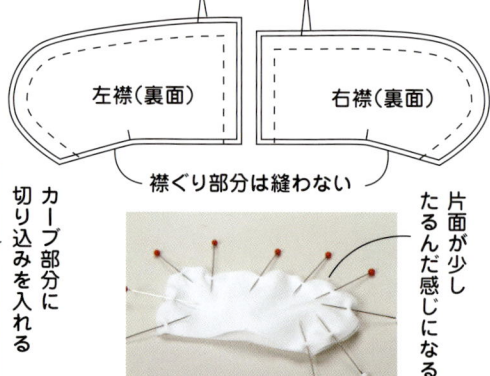

0.1cmくらい引き出す

左襟（裏面）　　右襟（裏面）

襟ぐり部分は縫わない

片面が少したるんだ感じになる

襟についてはドールムックのDolly bird17で詳しく解説しているのでよかったら見てね！

襟を身頃にしつけで仮止めをする

後ろ襟は端から0.5cmのところに合わせる

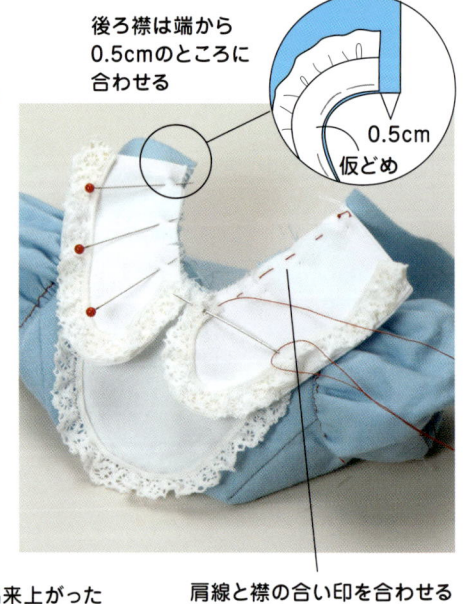

0.5cm仮どめ

肩線と襟の合い印を合わせる

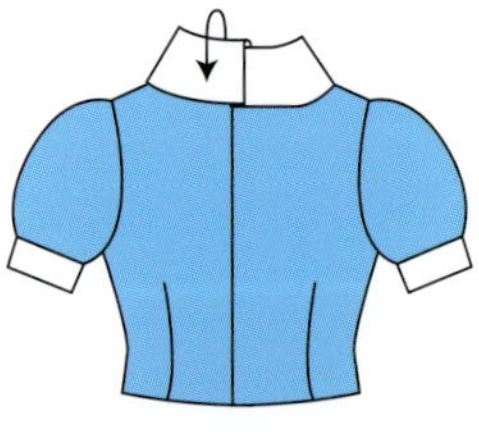

襟を折り、出来上がった状態を確認する

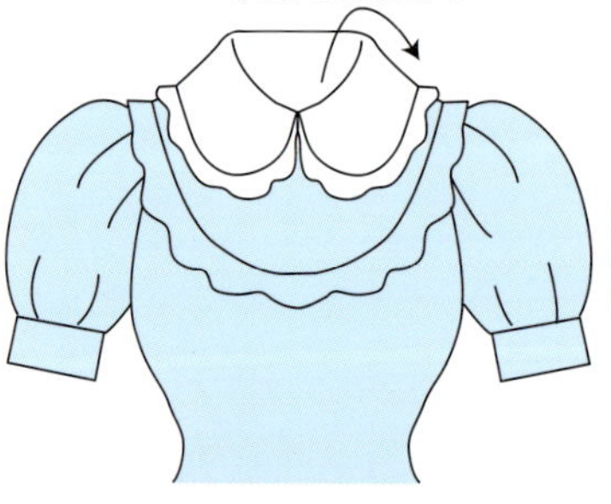

時々縫い代を内側に折り込んで、襟が出来上がった状態を確認しながら仮止めをすると良いです

表地と裏地を合わせてウエスト部分以外の周囲を縫う

角はカットして襟ぐりには切り込みを入れる

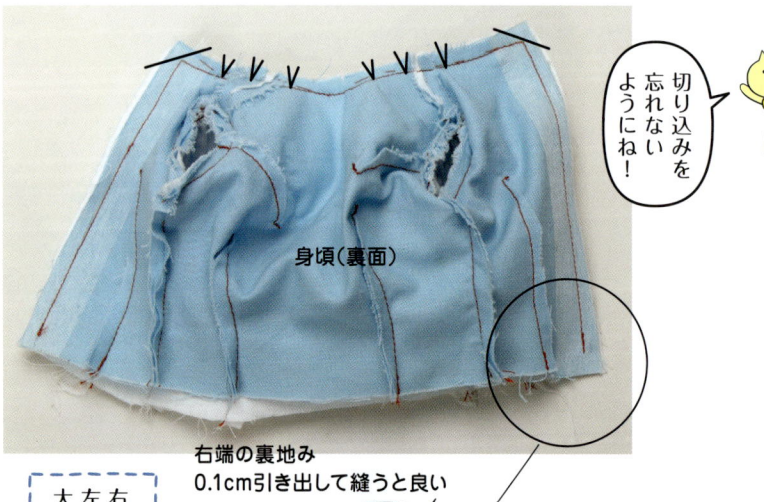

切り込みを忘れないようにね！

身頃（裏面）

右端の裏地み0.1cm引き出して縫うと良い

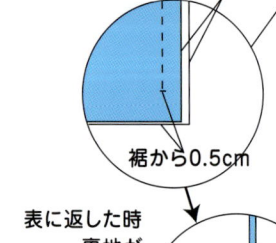

裾から0.5cm

表に返した時裏地が少し中に入る

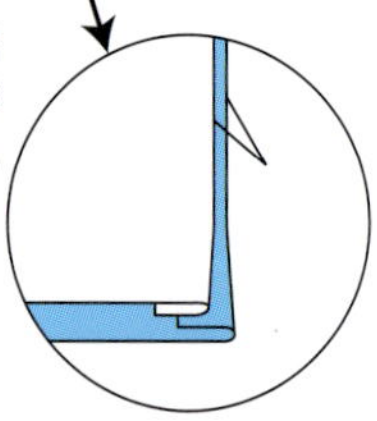

右襟に重なるため、左襟の方が少し大きくなっています

42

One Piece
ワンピース　スランドカラーの作り方と付け方
L胸ボディ、ダイナマイトボディ共通

スタンドカラーを作る
2枚を中表に合わせて襟ぐり以外を縫う

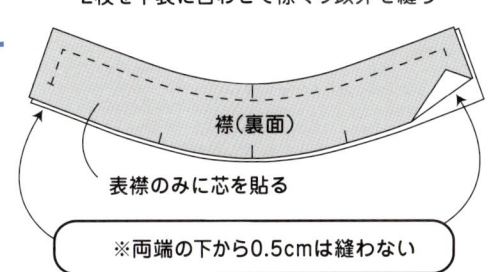

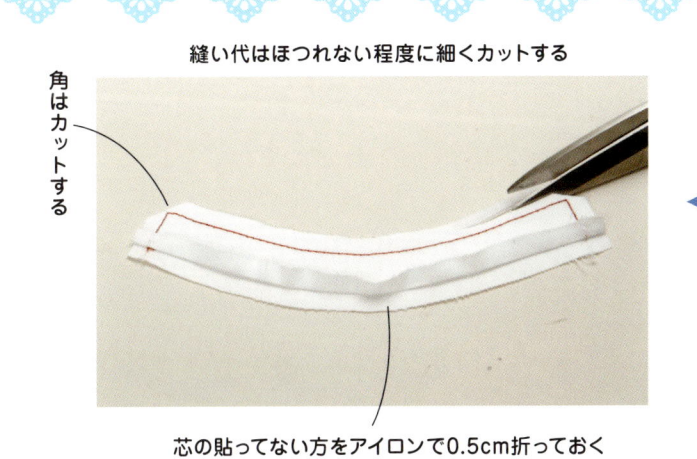

襟（裏面）

表襟のみに芯を貼る

※両端の下から0.5cmは縫わない

縫い代はほつれない程度に細くカットする

角はカットする

芯の貼ってない方をアイロンで0.5cm折っておく

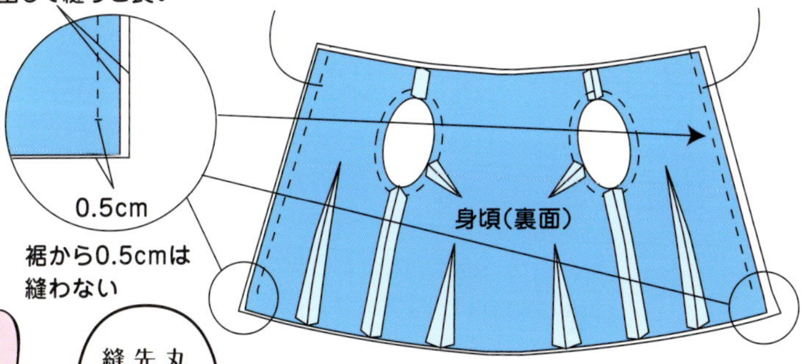

表に返してアイロンで整える

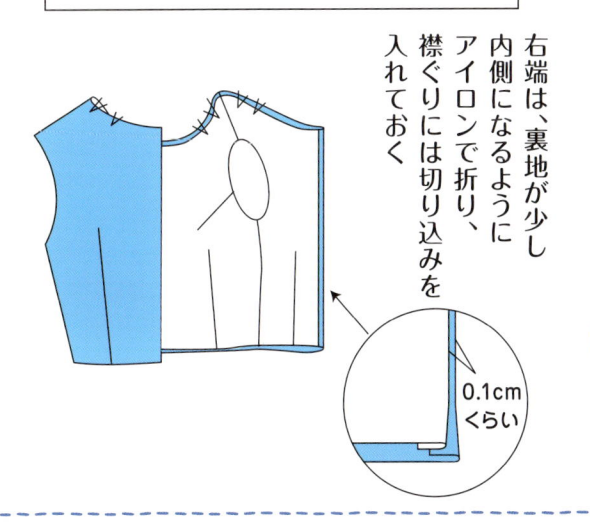

右端は、裏地が少し内側になるようにアイロンで折り、襟ぐりには切り込みを入れておく

0.1cmくらい

表身頃と裏身頃を縫い合わせる

右端の裏地み0.1cm引き出して縫うと良い

0.5cm

裾から0.5cmは縫わない

表身頃と裏身頃を中表に合わせ、この部分のみ縫う

身頃（裏面）

丸襟と違って先に身頃を縫うんだね

襟ぐりをまつる

襟ぐりをまつった後レースを付ける

表に返した襟を身頃に付ける

表襟と表身頃が向かい合うように合わせて縫う

身頃の縫い代が襟の中に入るのできれいに立ち上がるんだよ

だから"スタンド"カラーなのか！

裏襟は一緒に縫わない

ワンピース　ミニスカートの作り方

One Piece

L胸ボディ、ダイナマイトボディ共通

次はスカートを縫うよ！

だんだん出来あがってきた！

表地と裏地のスカートを縫い合わせる時、裏地を少し引き出しておくといいよ

どうして？

表スカートと裏スカートを縫い合わせる

表地と裏地の芯を貼っていない面を合わせ、ウエスト以外をぐるっと縫う

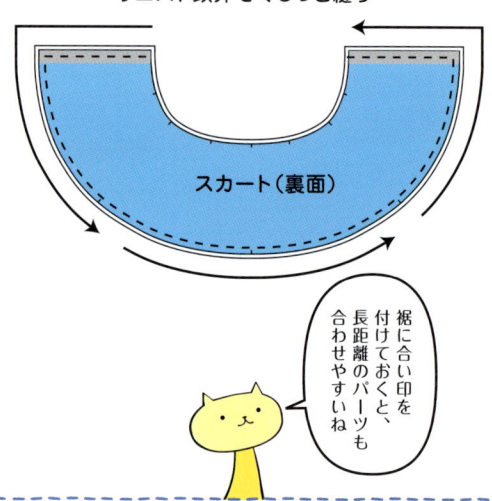

スカート（裏面）

裾に合い印を付けておくと、長距離のパーツも合わせやすいね

裏面

裏地が内側に入った状態になって、表からはみ出なくなるの

中級者向けテクニック

ほんとだ！

表に響かないように角と縫い代をカットする

カットしておくと、裾が奇麗なカーブになる

スカート（裏面）

表に返してウエストにギャザー用の粗ミシンをかける

手縫いでなみ縫いをしてもOK!

スカート（表面）

ギャザー用粗ミシンについては47ページを参考にしてね！詳しく解説しているよ

44

One Piece
ワンピース　ロングスカートの作り方
L胸ボディ、ダイナマイトボディ共通

裾フリルを3枚を縫い合わせる
上下で合い印の数が違うので注意！

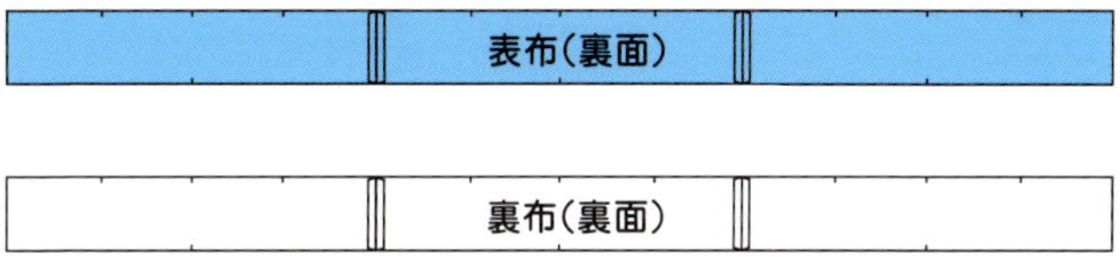

表布（裏面）

裏布（裏面）

この部分

表フリルと裏を縫い合わせる
縫い代が外側に見えるように合わせてください

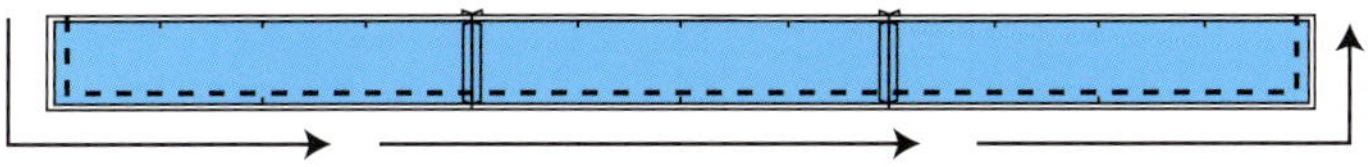

裾に付く方（合い印が多い方）を残して三辺を縫う

この時に裏地を少し引き出しておこう！

表に返した時、裏地が内側に入ってきれいに仕上がるよ

詳しくは右のミニスカートのページを見てね

表に返してギャザー用のミシンをかける

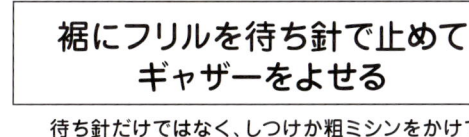

ギャザー用粗ミシンについては47ページを参考にしてね！

両端の角をカットしてから表に返してください

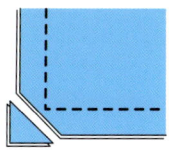

裾にフリルを待ち針で止めてギャザーをよせる
待ち針だけではなく、しつけか粗ミシンをかけてフリルを動かないようにしておくと作業がしやすいです

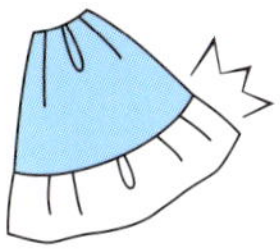

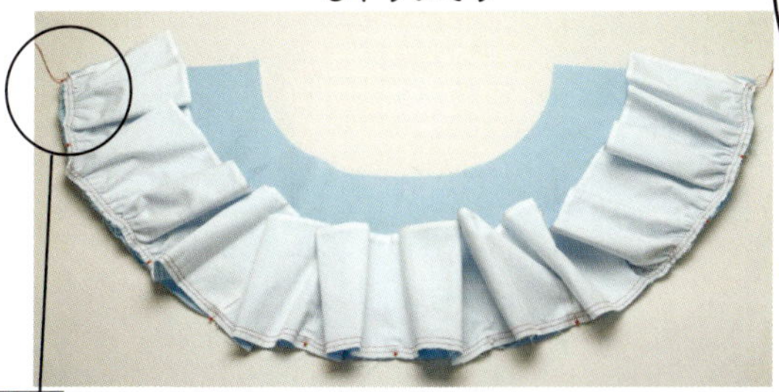

間違えて逆に付けないよう気をつけないと！

フリルの端は0.5cm内側に合わせる

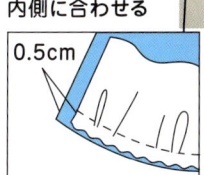

0.5cm

表地と裏地でフリルを挟んでウエスト以外をぐるっと縫う

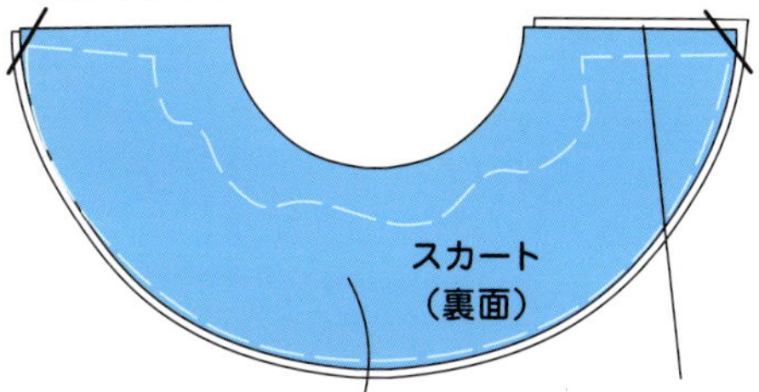

角をカットする

スカート（裏面）

フリルが表地と裏地にはさまれている

こちら側は裏地を少し出して縫う

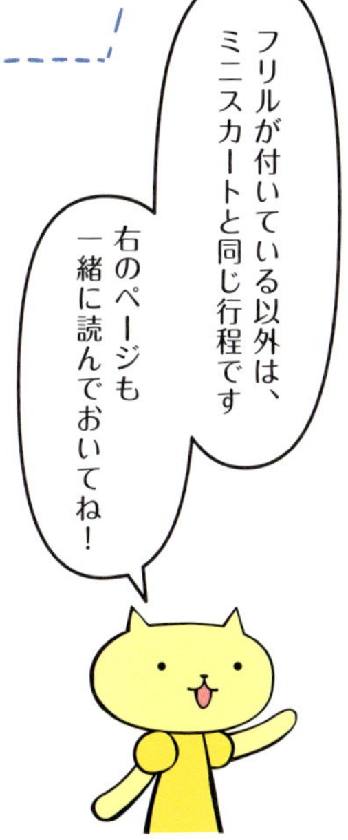

表に返してウエストにギャザー用の粗ミシンをかける
手縫いでなみ縫いをしてもOK！

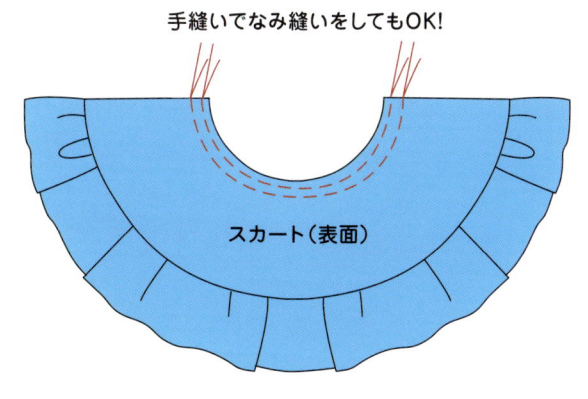

スカート（表面）

フリルが付いている以外は、ミニスカートと同じ行程です

右のページも一緒に読んでおいてね！

フリルは大変だけど頑張ろう！

合い印があるから作業がしやすかった

One Piece
ワンピース　身頃にスカートを付ける
L胸ボディ、ダイナマイトボディ共通

身頃にスカートを待ち針でとめる

両端、脇、ダーツにスカートの合い印を合わせてとめてギャザーをよせる

※身頃の裏地は一緒に縫わない

スカート（裏面）

身頃のウエストは表地だけで縫い裏地は一緒に縫わないよ

ここも合い印があるから合わせやすいね

身頃にスカートを付けるよ！ミニスカートで解説していますが、ロングスカートでも縫い方は同じです

裏地のウエスト部分をまつる

裏地のウエストの縫い代を内側に折ってまつる

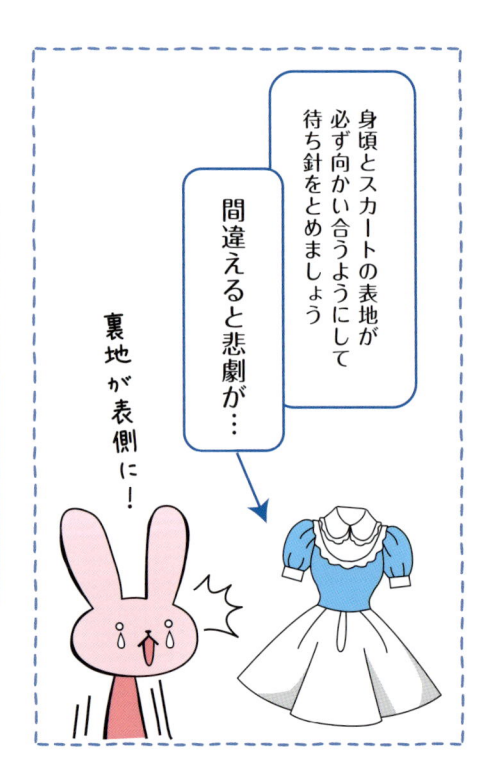

表から見えるギャザー用粗ミシンを抜いておく

袖やロングスカートのフリルの粗ミシンも忘れずに抜こう！

身頃とスカートの表地が必ず向かい合うようにして待ち針をとめましょう

間違えると悲劇が…

裏地が表側に！

46

Gathers
長距離ギャザーよせのコツ
L胸ボディ、ダイナマイトボディ共通

普通に縫う時よりもミシン目を少粗くしておく

普通のミシン目

ギャザー用粗ミシン

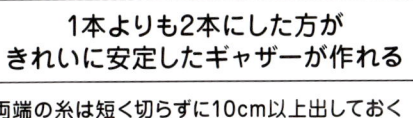

- どうして粗くするの？
- 普通の縫い目よりも粗い方が糸を引っ張って縮めやすくなるからだよ

1本よりも2本にした方がきれいに安定したギャザーが作れる

両端の糸は短く切らずに10cm以上出しておく（返し縫いはしない）

出来上がり線

出来上がり線をはさむように2本縫う

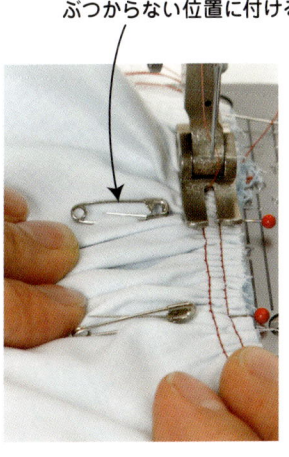

- 手縫いでもいいですが、長いギャザーよせはミシンを使うと楽です！

ミシンの押さえにぶつからない位置に付ける

- でも糸を引っ張っている時に、待ち針がすぐ抜けちゃうの〜
- そんなときは、安全ピンを使うといいよ

まず両端と合い印を待ち針で止めてから、縮めたい長さに糸を引っ張るとよい

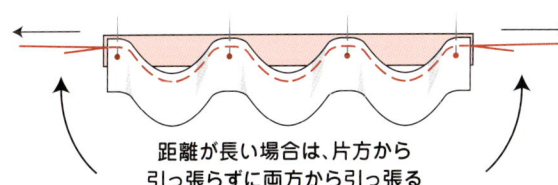

距離が長い場合は、片方から引っ張らずに両方から引っ張る

- この方法だと、先にギャザーをよせてから待ち針でとめるよりも縮めたい長さピッタリにしやすいしギャザーで合い印の場所がわかりにくくならないね！
- なるほど！

抜いた後の針穴が目立つ場合は、霧吹きをかけて、指でつまんで引っ張りながら上下に細かく動かすと目立たなくなります

- 糸をつけたままだと、縫い代が落ちつくし、ギャザーが保たれたままになるんだよ

裏地などでくるんで隠れる箇所は、表に出る方の糸だけ抜いておく

- かくれる方はとらない方がいいの？

47

One Piece
ワンピース　仕上げ
L胸ボディ、ダイナマイトボディ共通

開きにスナップを付ける
※スナップの付け方は左のページ参照

ロング丈のワンピースはここまで作れば完成です！

裏地の袖ぐりをまつる

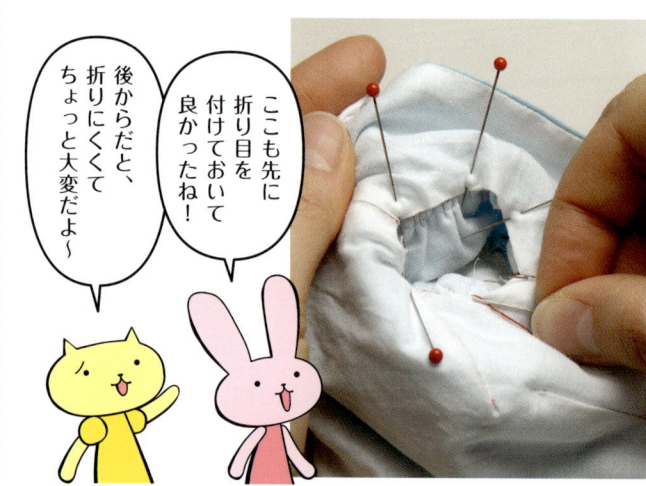

ここも先に折り目を付けておいて良かったね！

後からだと、折りにくくてちょっと大変だよ〜

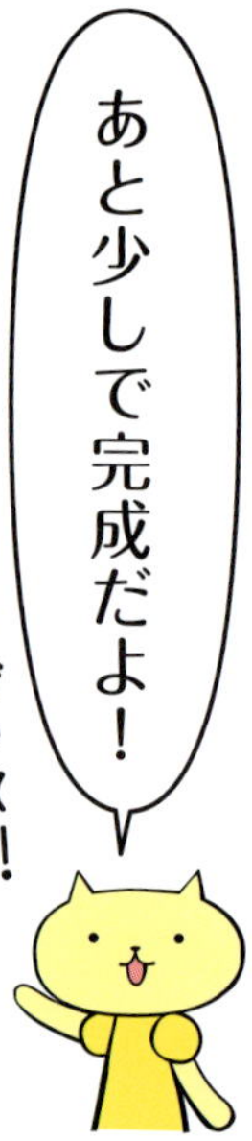

あと少しで完成だよ！がんばって！

ミニ丈ワンピース　装飾

裾にリボンを付ける
※リボンの結び方は左のページ参照

裾のリボンはアイロンでくせを付けておこう！

着た時にバランスよく見える位置にリボンを縫い付ける

ボンドでカフスにリボンを貼り付ける
サイドは蝶々結びにする

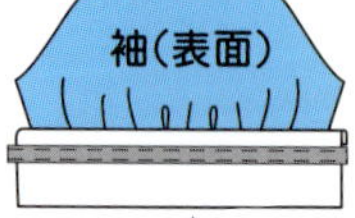

袖（表面）

カフスのリボンは脇を縫う前にステッチで付けておいてもよい

ボンドは色々な種類がありますが、手芸用や布用のものがお勧めです

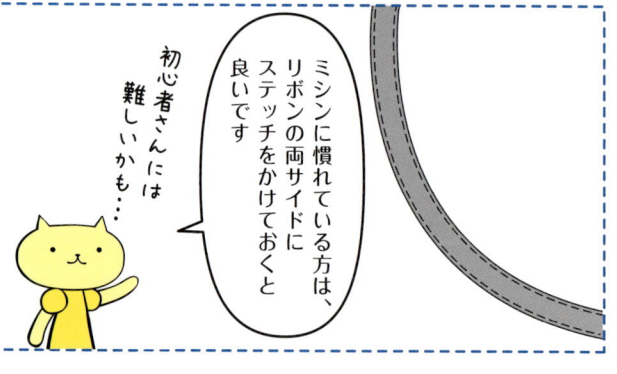

楊子の先に付けて塗れば、はみ出しにくいよ！

ミシンに慣れている方は、リボンの両サイドにステッチをかけておくと良いです

初心者さんには難しいかも…

Snap
スナップの付け方
L胸ボディ、ダイナマイトボディ共通

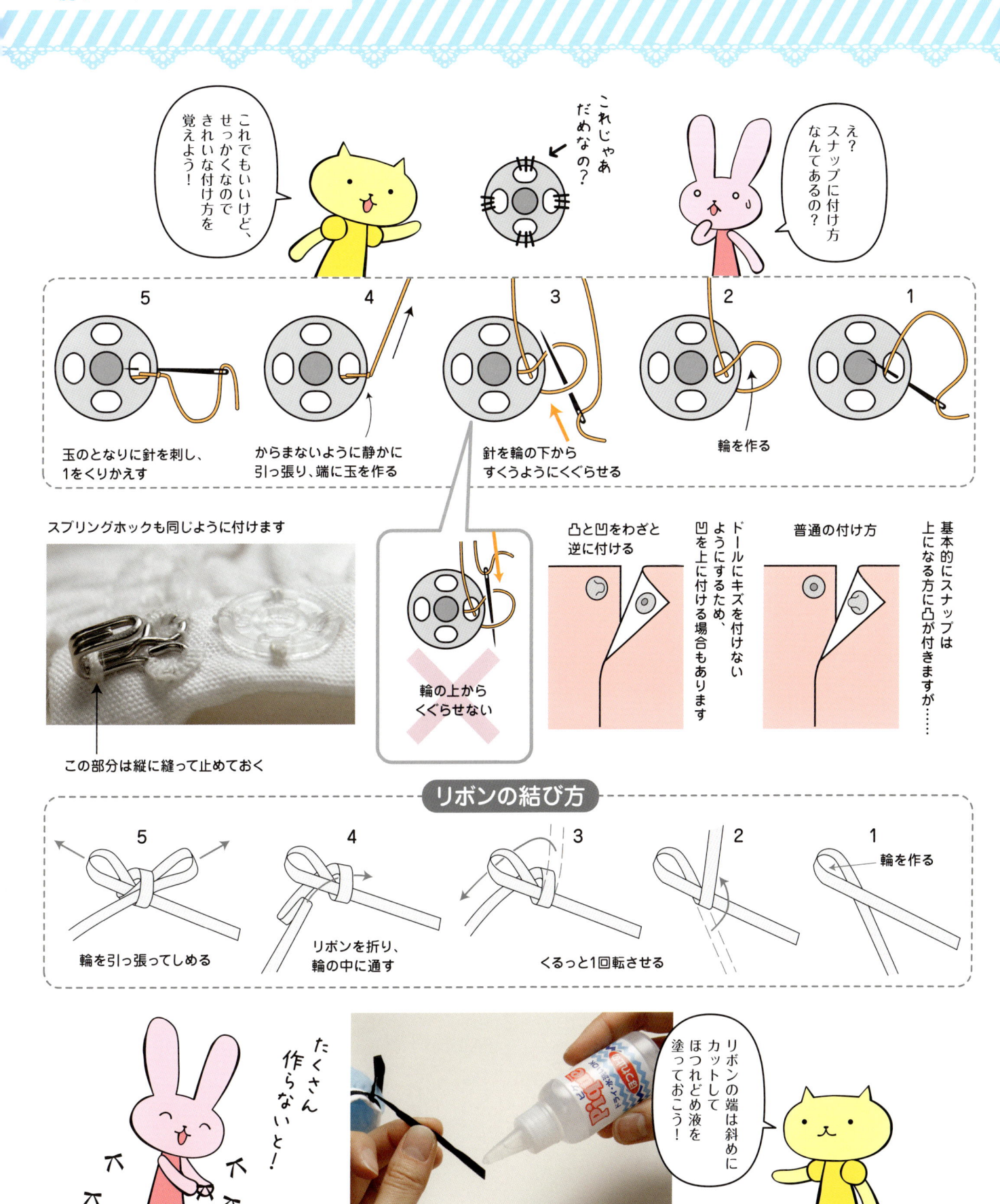

え？スナップに付け方なんてあるの？

これじゃあだめなの？

これでもいいけど、せっかくなのできれいな付け方を覚えよう！

1 輪を作る

2 輪を作る

3 針を輪の下からすくうようにくぐらせる

4 からまないように静かに引っ張り、端に玉を作る

5 玉のとなりに針を刺し、1をくりかえす

輪の上からくぐらせない

基本的にスナップは上になる方に凸が付きますが……

普通の付け方

凸と凹をわざと逆に付ける

ドールにキズを付けないようにするため、凹を上に付ける場合もあります

スプリングホックも同じように付けます

この部分は縦に縫って止めておく

リボンの結び方

1 輪を作る

2

3 くるっと1回転させる

4 リボンを折り、輪の中に通す

5 輪を引っ張ってしめる

リボンの端は斜めにカットしてほつれどめ液を塗っておこう！

たくさん作らないと！

Two piece

イラスト：かみやまねき

Two Piece

material 材料

- 綿シーチング(表地)…90cm幅×40cm
- 綿ブロード(カフス部分)…適量
- 綿ローン(裏地)…90cm幅×30cm
- 接着芯…適量
- スナップ…身頃4個 スカート1個
- スプリングホック…1個
- 半円パール…6個

芯貼り位置
※裏面に貼ってください

合い印位置

必要パーツ　芯貼り位置　合い印

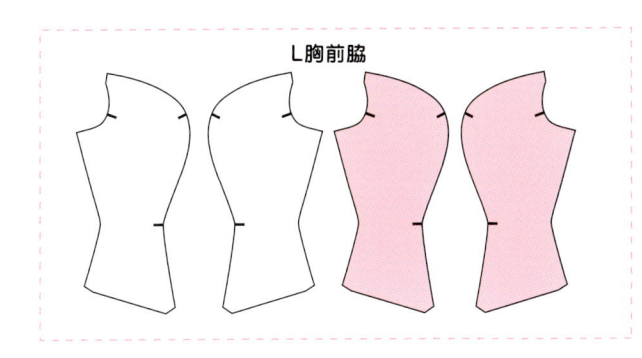

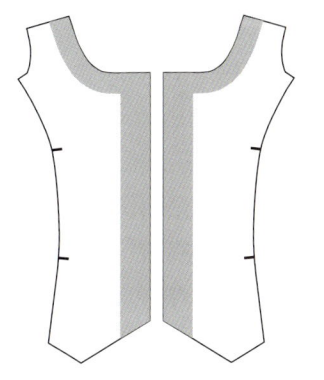

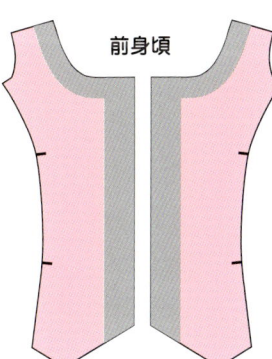

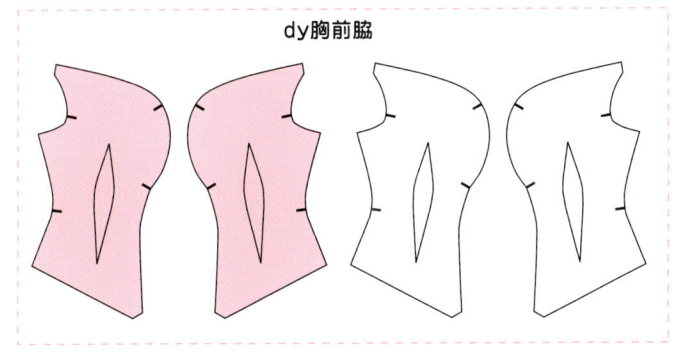

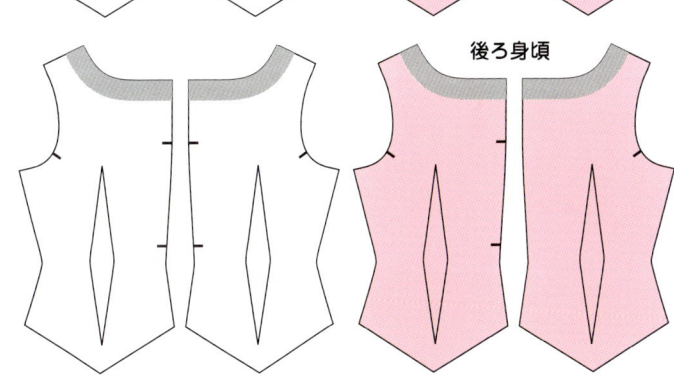

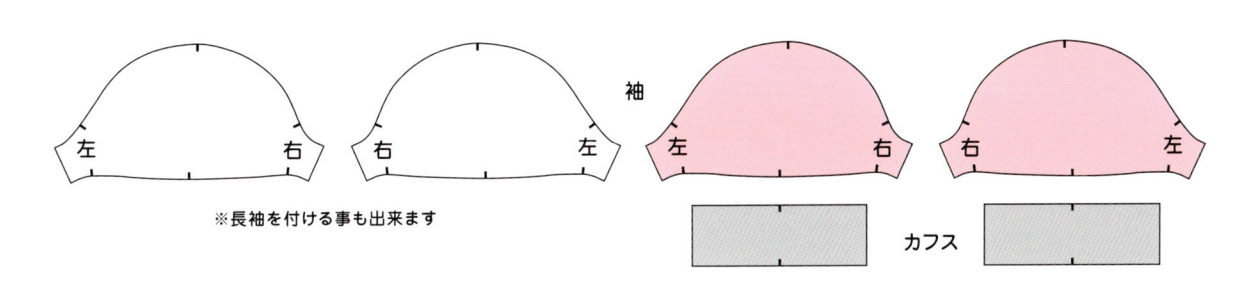

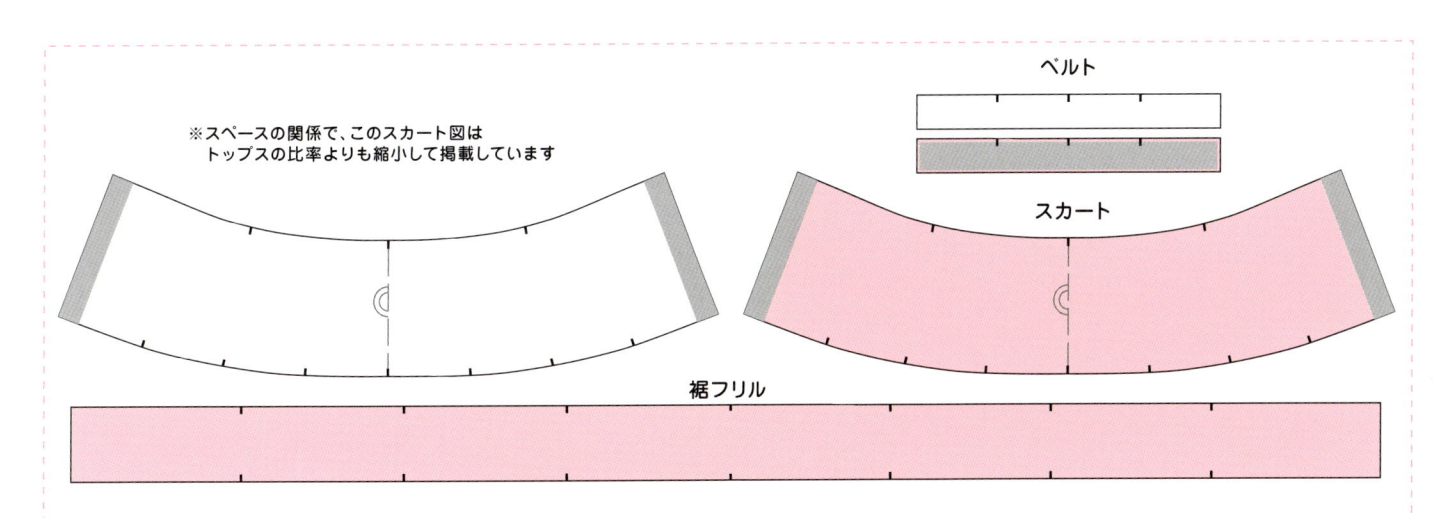

L胸前脇

前身頃

dy胸前脇

後ろ身頃

袖
左　右　右　左　左　右　右　左
※長袖を付ける事も出来ます

カフス

※スペースの関係で、このスカート図は
トップスの比率よりも縮小して掲載しています

ベルト

スカート

裾フリル

Two Piece
ツーピース　トップスの縫い方
L胸ボディ、ダイナマイトボディ共通

前身頃、後ろ身頃のダーツを縫う

L胸ボディ

前身頃（裏面）　前脇（裏面）

後ろ身頃（裏面）　後ろ身頃（裏面）

ダーツを倒す方向を表地と裏地で逆にすると厚みが分散されます

後ろ身頃のダーツは、表地は中心側に、裏地は脇側に倒す

Dyボディの場合

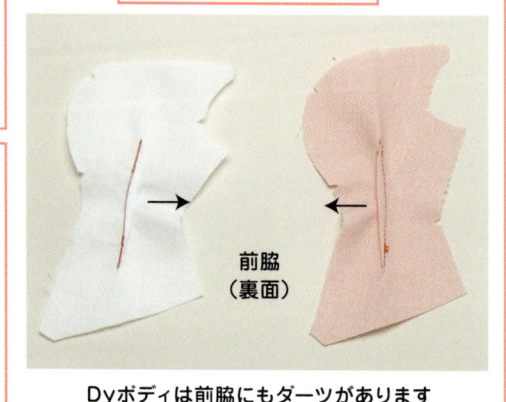

前脇（裏面）

Dyボディは前脇にもダーツがあります
表地は中心側に、裏地は脇側に倒す

身頃のパーツを縫い合わせるよ！

ダイナマイトボディは、前身頃と前脇を縫い合わせる前にダーツを縫ってください

後ろ身頃の行程は、L胸と同じです

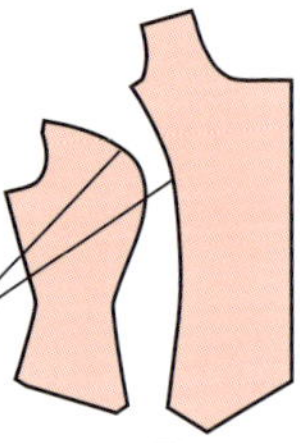

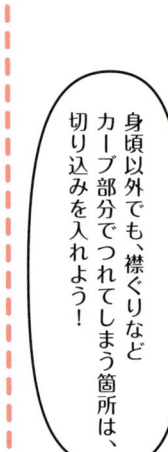

この辺りカーブ

前身頃と前脇のカーブがきつくて上手く合わせられないよ～

なんかつれちゃう

合い印のノッチの他に、カーブしている部分にも切り込みを入れる

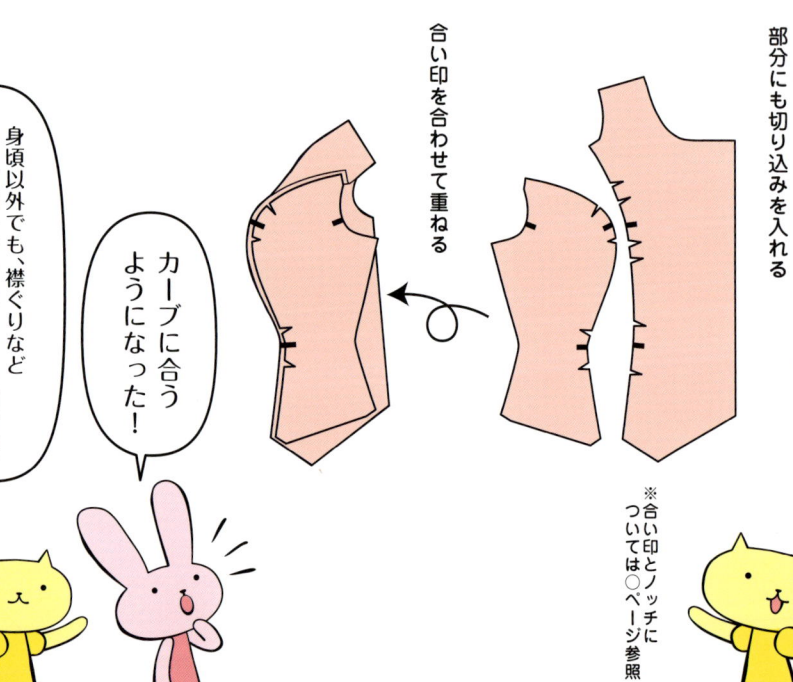

切り込みと合い印を利用するといいよ！

合い印を合わせて重ねる

カーブに合うようになった！

身頃以外でも、襟ぐりなどカーブ部分でつれてしまう箇所は、切り込みを入れよう！

※合い印とノッチについては○ページ参照

52

前身頃と後ろ身頃の肩を合わせて縫う
※裏地もまったく同じように縫います

襟ぐり、袖ぐり、裾と裏地の脇部分は端まで縫わずに少し手前で返し縫いをしておく

出来上がり線よりも1目出る感じのところで止める

縫い代はアイロンで割る

0.4cmくらい

注）表地の脇はまだ縫わないでください

表に返す時、切り込みと同じ役目をするんだよ

後で切るよりもちょっときれいに出来るの

ここからはL胸ボディのパーツで解説していきますがDYボディも作り方は全く同じです

裏地のみ、袖ぐりをアイロンで0.5cm折ってから脇を縫う

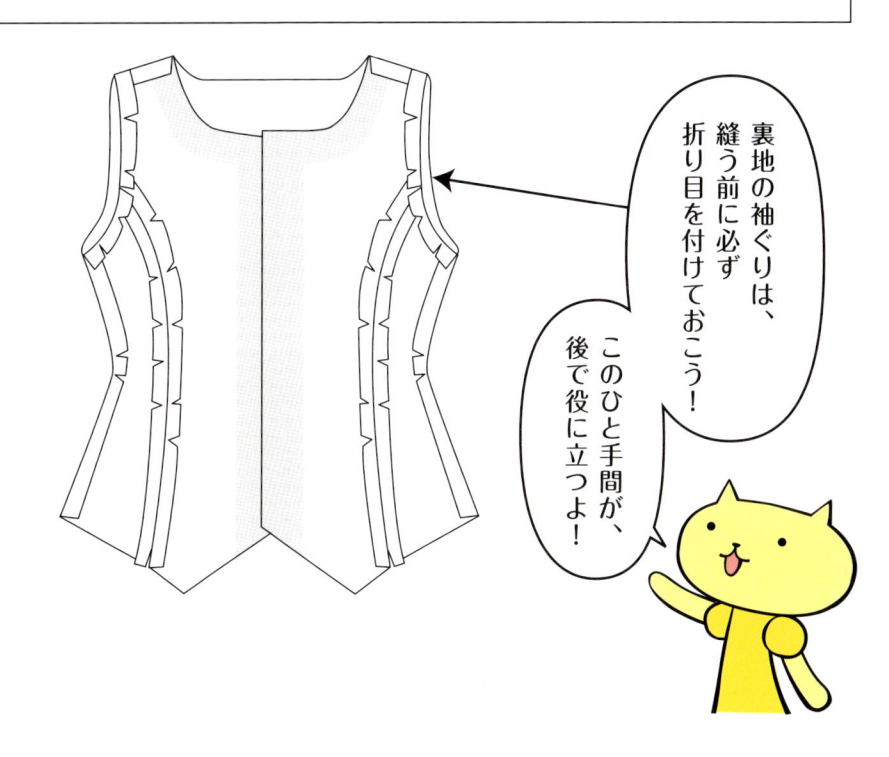

裏地の袖ぐりは、縫う前に必ず折り目を付けておこう！

このひと手間が、後で役に立つよ！

この状態で身頃はいったん休憩で、次は袖を作ります

袖はワンピースと共通の作り方なので、38ページを見てね！

→ P38へ！

ツーピース トップスの縫い方

Two Piece

L胸ボディ、ダイナマイトボディ共通

表身頃と裏身頃を縫い合わせる

表面が向かい合うように重ねて周囲をぐるっと縫う
カーブ部分に切り込みを入れ、角はカットする

裏地は0.1cmくらい引き出して縫うと良い

縫う時に少し出すと、裏地が表から見えにくくなるんだよ

角はすべてカットする

袖付け後の縫い方だよ！

袖の作り方と付け方は38ページをご覧ください

開きにスナップ、前中心とカフスに半円パールを付ける

袖ぐりをまつる

袖ぐりから表に返す

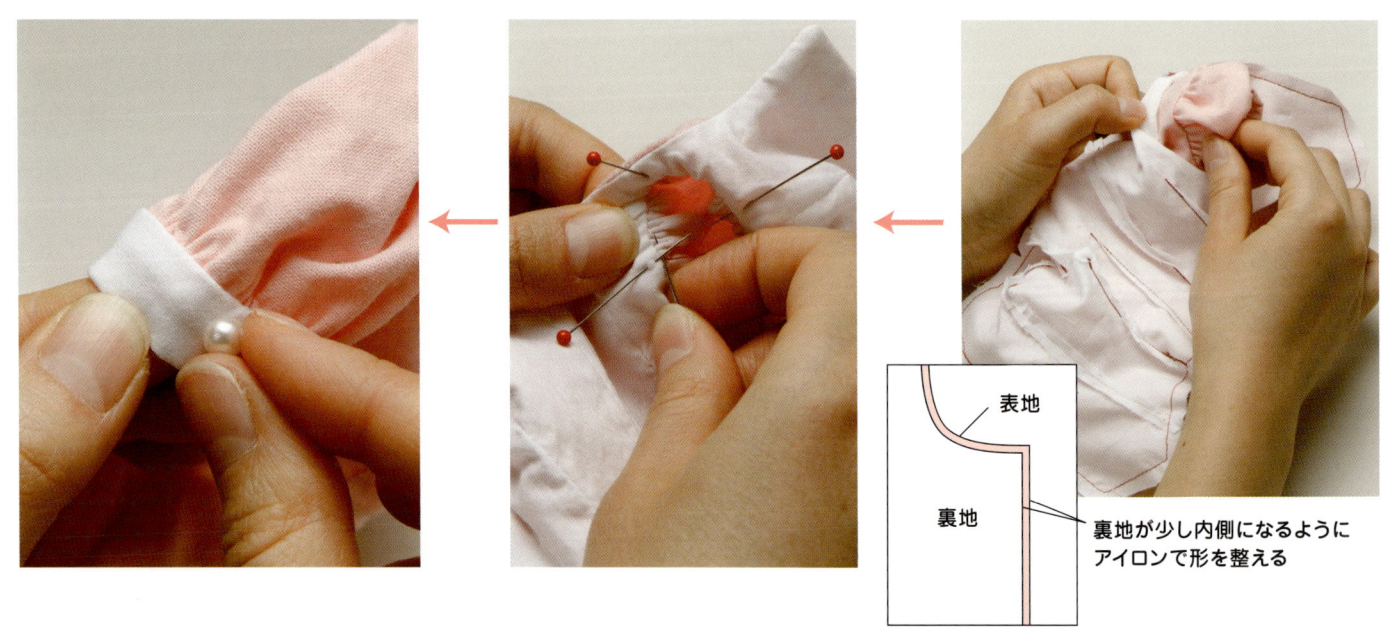

表地

裏地

裏地が少し内側になるようにアイロンで形を整える

54

Two Piece
縫い代のくせとり
L胸ボディ、ダイナマイトボディ共通

ダーツや縫い代だけを伸ばすようにして、縫い目が直線に近くなるよう、アイロンでくせを付ける

→シワがよる

ダーツや縫い代部分だけを伸ばす

縮める

アイロンでくせを付けていますが、洋裁用語で「くせとり」と呼びます

※人間服では縫う前にくせとりをする事が多いですが、初心者さんは、よけいな部分を伸ばさないよう、縫った後に行うと良いです

これを知っていると、仕上がりにも差が出るよ！

縫い目が直線になった！これならダーツを倒したり、縫い代を割ったりしやすいね！

ダーツをアイロンで片側に倒す時、ちょっとやりにくくない？

そんな時は、「くせとり」をしておくといいよ

あと、縫い代を割る時も

スナップやボタンの付け位置

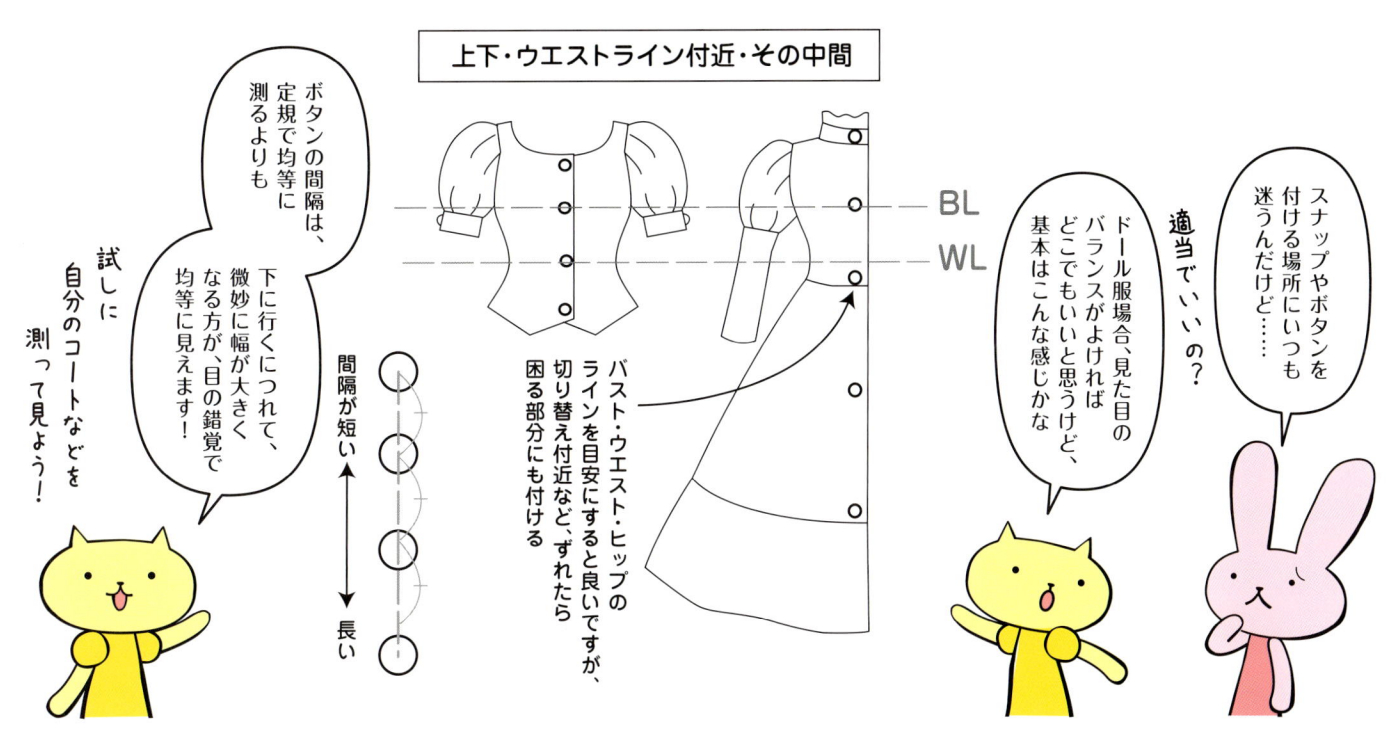

上下・ウエストライン付近・その中間

BL
WL

間隔が短い ↕ 長い

ボタンの間隔は、定規で均等に測るよりも、下に行くにつれて、微妙に幅が大きくなる方が、目の錯覚で均等に見えます！

試しに自分のコートなどを測って見よう！

バスト・ウエスト・ヒップのラインを目安にすると良いですが、切り替え付近など、ずれたら困る部分にも付ける

ドール服場合、見た目のバランスがよければどこでもいいと思うけど、基本はこんな感じかな

スナップやボタンを付ける場所にいつも迷うんだけど……

適当でいいの？

55

Two Piece ツーピース スカートの縫い方

L胸ボディ、ダイナマイトボディ共通

表に返してギャザー用のミシンをかける

ギャザー用ミシンについては47ページを見てね

詳しく解説しています

裾のフリルを作る

裾フリルを二つ折りにする

4cm+0.5cm

両端を縫う

角はカットする

9cm

※表地と裏地を分ける場合は高さ5cm(4cm+上下0.5cm縫い代)にする

表地

裏地

縫い合わせて表に返す

またはフリルをレースに変える

下にペチコート履くため、フリル部分には白い裏地を付けていませんが、気になる方は表地と裏地に分けて制作してください

フリルにギャザーをよせて裾に仮止めする

接着芯の付いていない面に仮止めする

しつけか粗ミシンをかけてフリルを動かないようにしておくと作業がしやすい

スカート（表面）

合い印を合わせるとギャザーが均等によせやすいね！

0.5cm

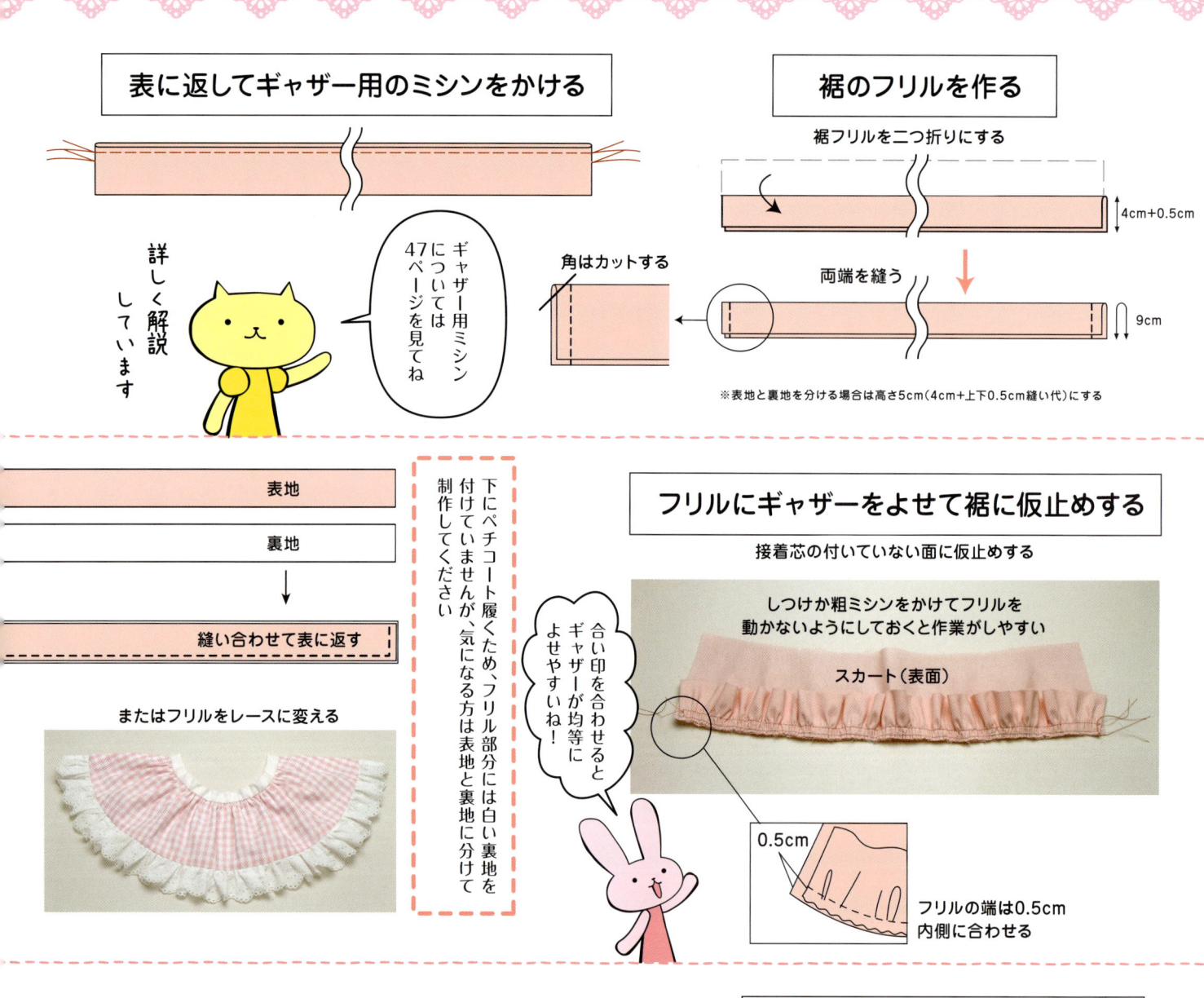

フリルの端は0.5cm内側に合わせる

表に返してウエストにギャザー用ミシンをかける

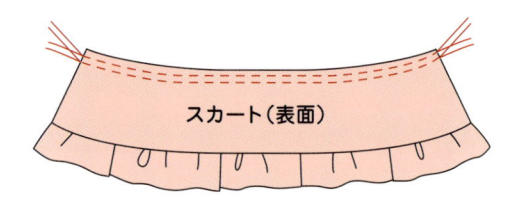

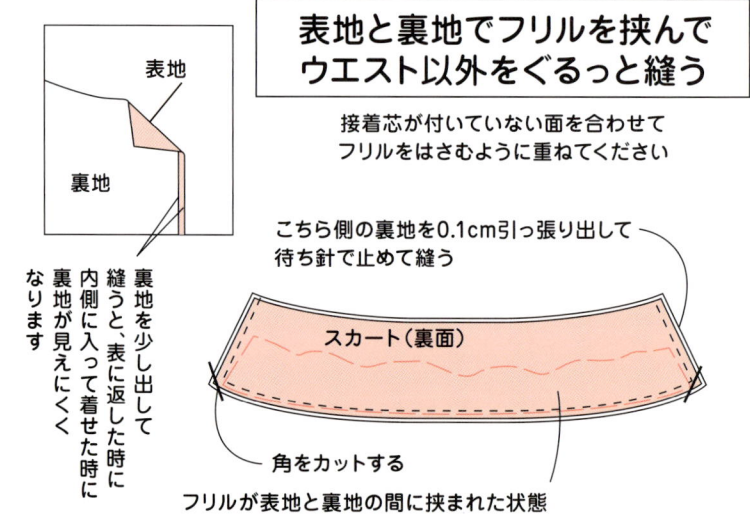

スカート（表面）

表地と裏地でフリルを挟んでウエスト以外をぐるっと縫う

接着芯が付いていない面を合わせてフリルをはさむように重ねてください

表地

裏地

裏地を少し出して縫うと、表に返した時に内側に入って着せた時に裏地が見えにくくなります

こちら側の裏地を0.1cm引っ張り出して待ち針で止めて縫う

スカート（裏面）

角をカットする

フリルが表地と裏地の間に挟まれた状態

56

スカートにベルトを付けよう！

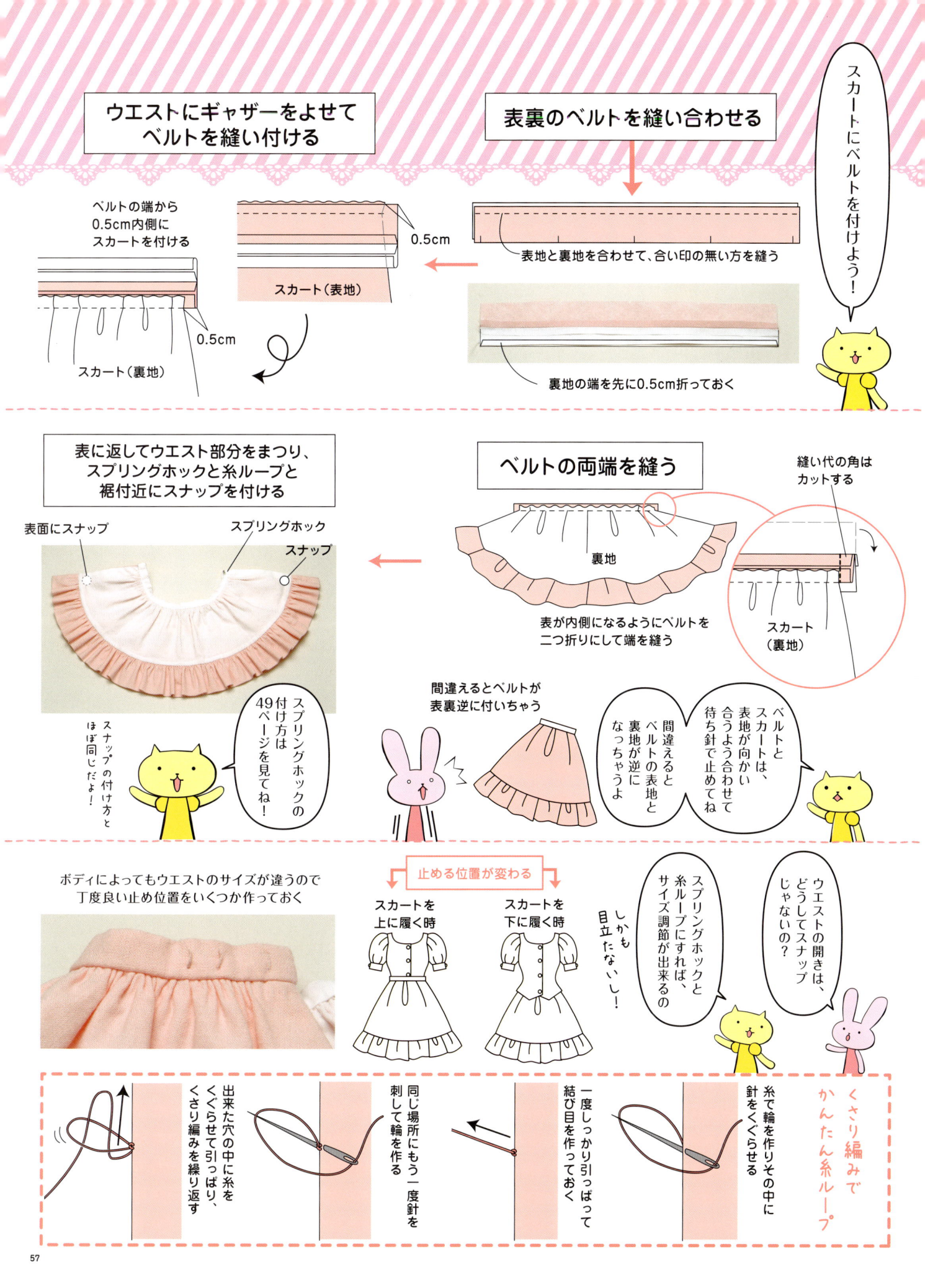

表裏のベルトを縫い合わせる

表地と裏地を合わせて、合い印の無い方を縫う

裏地の端を先に0.5cm折っておく

ウエストにギャザーをよせてベルトを縫い付ける

ベルトの端から0.5cm内側にスカートを付ける

0.5cm

スカート（表地）

0.5cm

スカート（裏地）

ベルトの両端を縫う

縫い代の角はカットする

裏地

表が内側になるようにベルトを二つ折りにして端を縫う

スカート（裏地）

ベルトとスカートは、表地と裏地が向かい合うよう合わせてベルトの表地と裏地が逆になっちゃうよ

間違えるとベルトが表裏逆に付いちゃう

表に返してウエスト部分をまつり、スプリングホックと糸ループと裾付近にスナップを付ける

表面にスナップ　スプリングホック　スナップ

スプリングホックの付け方は49ページを見てね！

スナップの付け方とほぼ同じだよ！

ボディによってもウエストのサイズが違うので丁度良い止め位置をいくつか作っておく

止める位置が変わる

スカートを上に履く時　　スカートを下に履く時

ウエストの開きは、どうしてスナップじゃないの？

スプリングホックと糸ループにすれば、サイズ調節が出来るの

しかも目立たないし！

くさり編みでかんたん糸ループ

糸で輪を作りその中に針をくぐらせる

一度しっかり引っぱって結び目を作っておく

同じ場所にもう一度針を刺して輪を作る

出来た穴の中に糸をくぐらせて引っぱり、くさり編みを繰り返す

57

Apron
material 材料

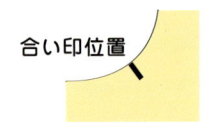

- 合い印位置
- 芯貼り位置 ※裏面に貼ってください
- 綿ブロード（カフス部分）
  - ショート…90cm幅×30cm
  - ロング…90cm幅×60cm
- 接着芯…適量
- レース（cm幅）
  - ショート…50cm
  - ロング…80cm
- スプリングホック…1個

[完成サンプル]

ショートエプロン

ロングエプロン

← レースをリボンにアレンジ

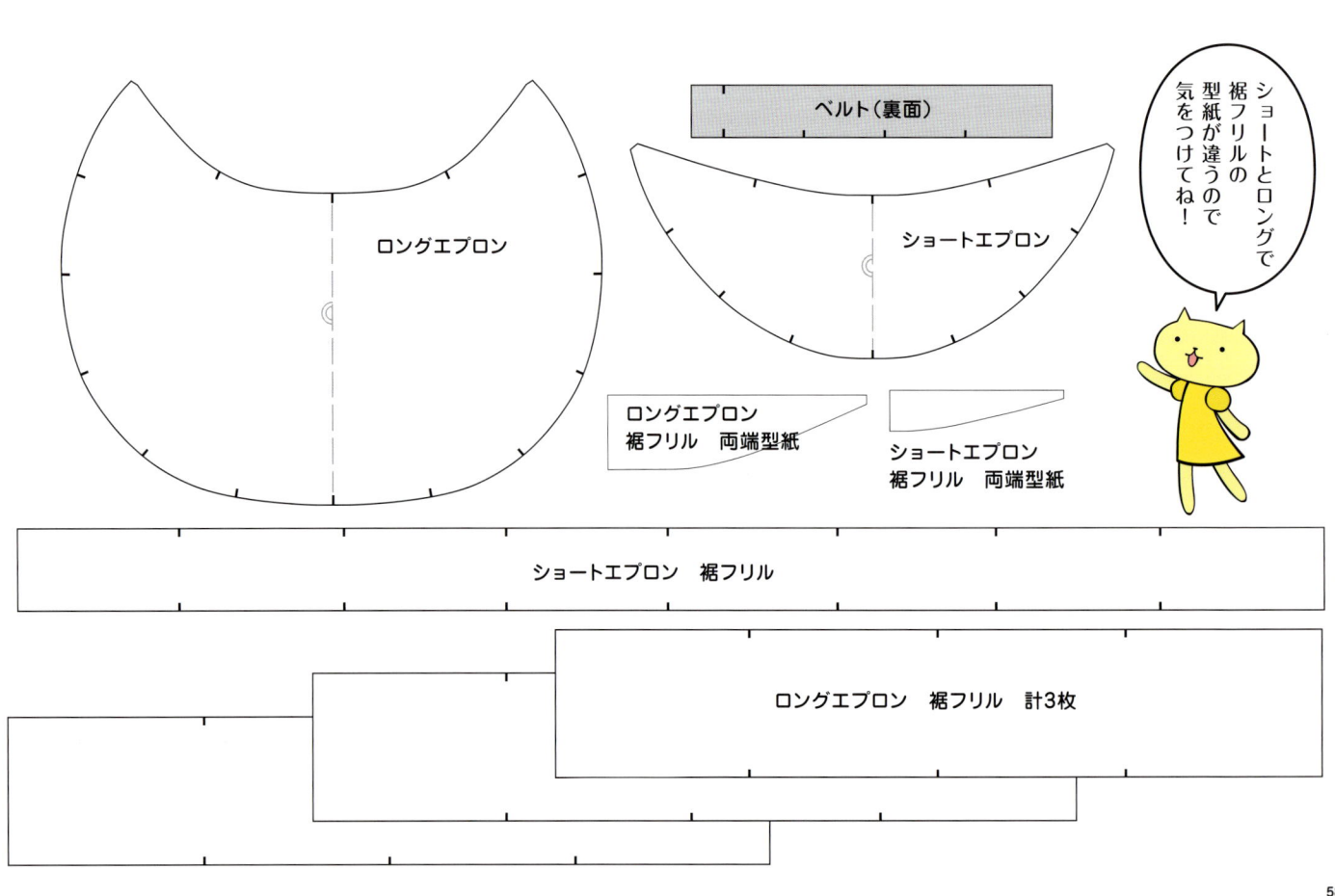

ロングエプロン

ベルト（裏面）

ショートエプロン

ロングエプロン 裾フリル 両端型紙

ショートエプロン 裾フリル 両端型紙

ショートエプロン 裾フリル

ロングエプロン 裾フリル 計3枚

ショートとロングで裾フリルの型紙が違うので気をつけてね！

Apron

material 材料

- 綿シーチング（表地）…90cm幅×40cm
- 綿ブロード（カフス部分）…適量
- 綿ローン（裏地）…90cm幅×30cm
- 接着芯…適量
- スナップ…身頃4個 スカート1個
- スプリングホック…1個
- 半円パール…6個

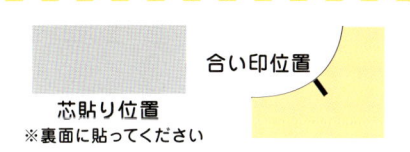

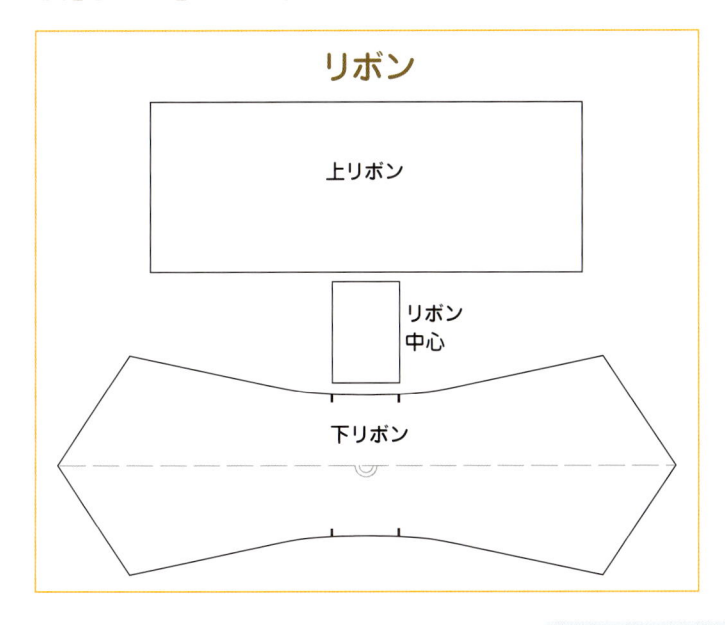

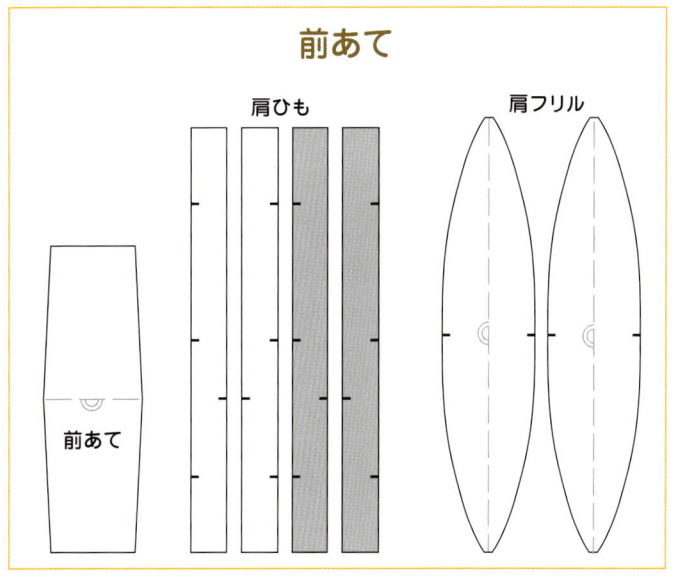

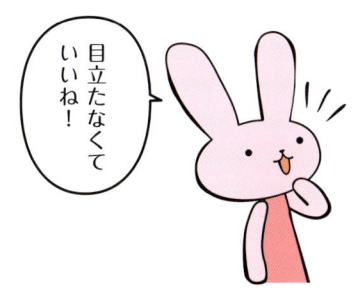

芯貼り位置 ※裏面に貼ってください

合い印位置

[完成サンプル]

リボン

前あて

前あてにレースをつけてにアレンジ

リボン

- 上リボン
- リボン中心
- 下リボン

前あて

- 前あて
- 肩ひも
- 肩フリル

目立たなくていいね！

金属製

プラスチック製

プラスチック製の透明なスナップもありますよ！

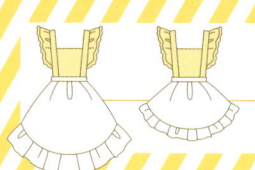

Apron エプロンの縫い方

L胸ボディ、ダイナマイトボディ共通

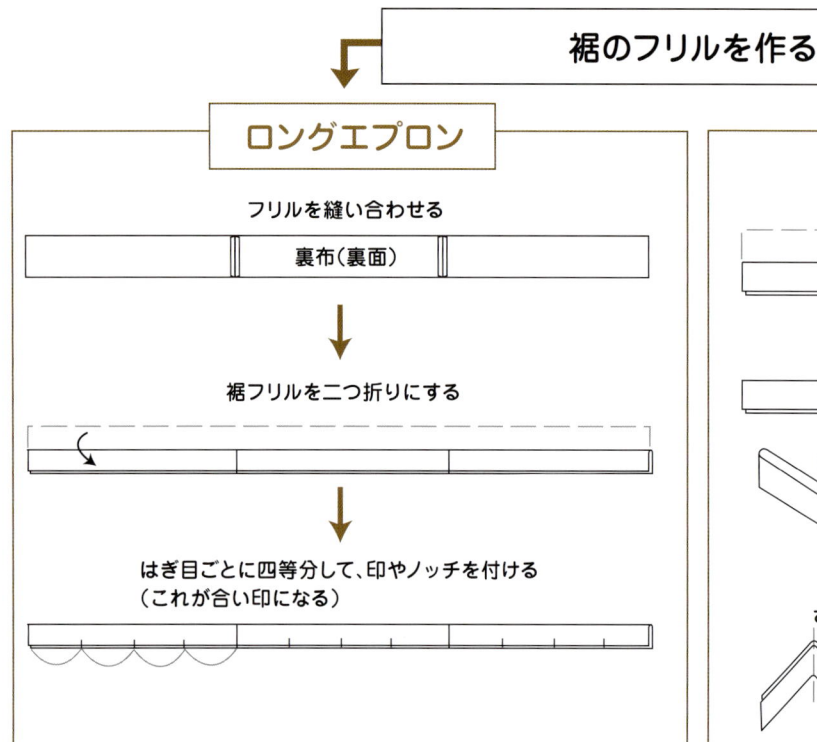

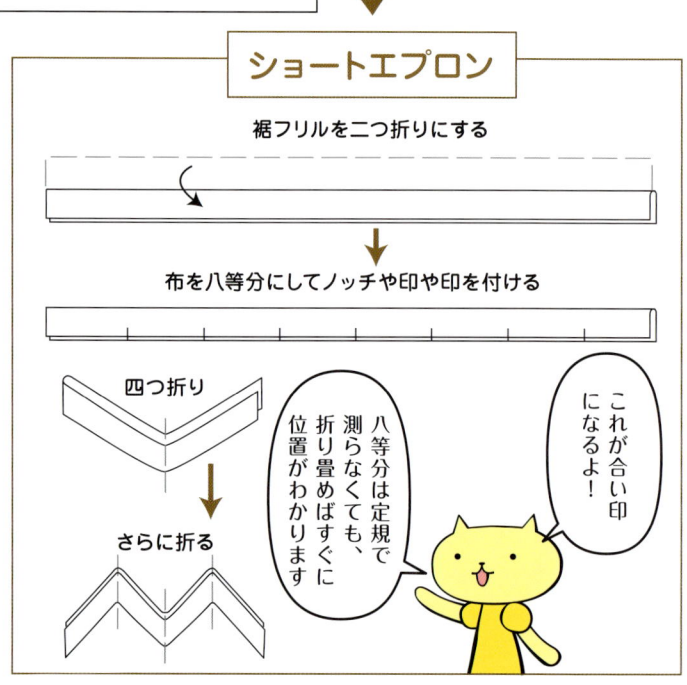

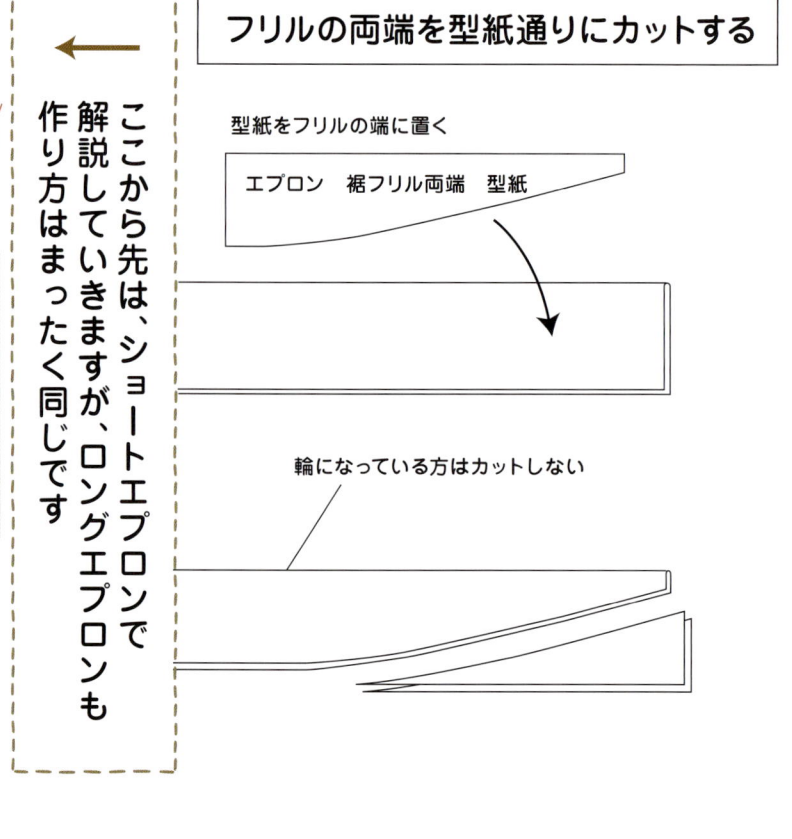

裾のフリルを作る

ロングエプロン

フリルを縫い合わせる

裏布（裏面）

↓

裾フリルを二つ折りにする

↓

はぎ目ごとに四等分して、印やノッチを付ける
（これが合い印になる）

ショートエプロン

裾フリルを二つ折りにする

↓

布を八等分にしてノッチや印や印を付ける

↓

四つ折り

さらに折る

八等分は定規で測らなくても、折り畳めばすぐに位置がわかります

これが合い印になるよ！

フリルの両端を型紙通りにカットする

型紙をフリルの端に置く

エプロン　裾フリル両端　型紙

輪になっている方はカットしない

船底形に切った方にギャザー用のミシンをかけ、フリルを縫い付ける

ペラペラしている方にギャザー用ミシン

ここから先は、ショートエプロンで解説していきますが、ロングエプロンも作り方はまったく同じです

ギャザーミシンとギャザー縫いのコツは、47ページで詳しく解説しています

見てね！

フリルとエプロン本体の合い印を合わせるとギャザーを均等によせやすいよ！

60

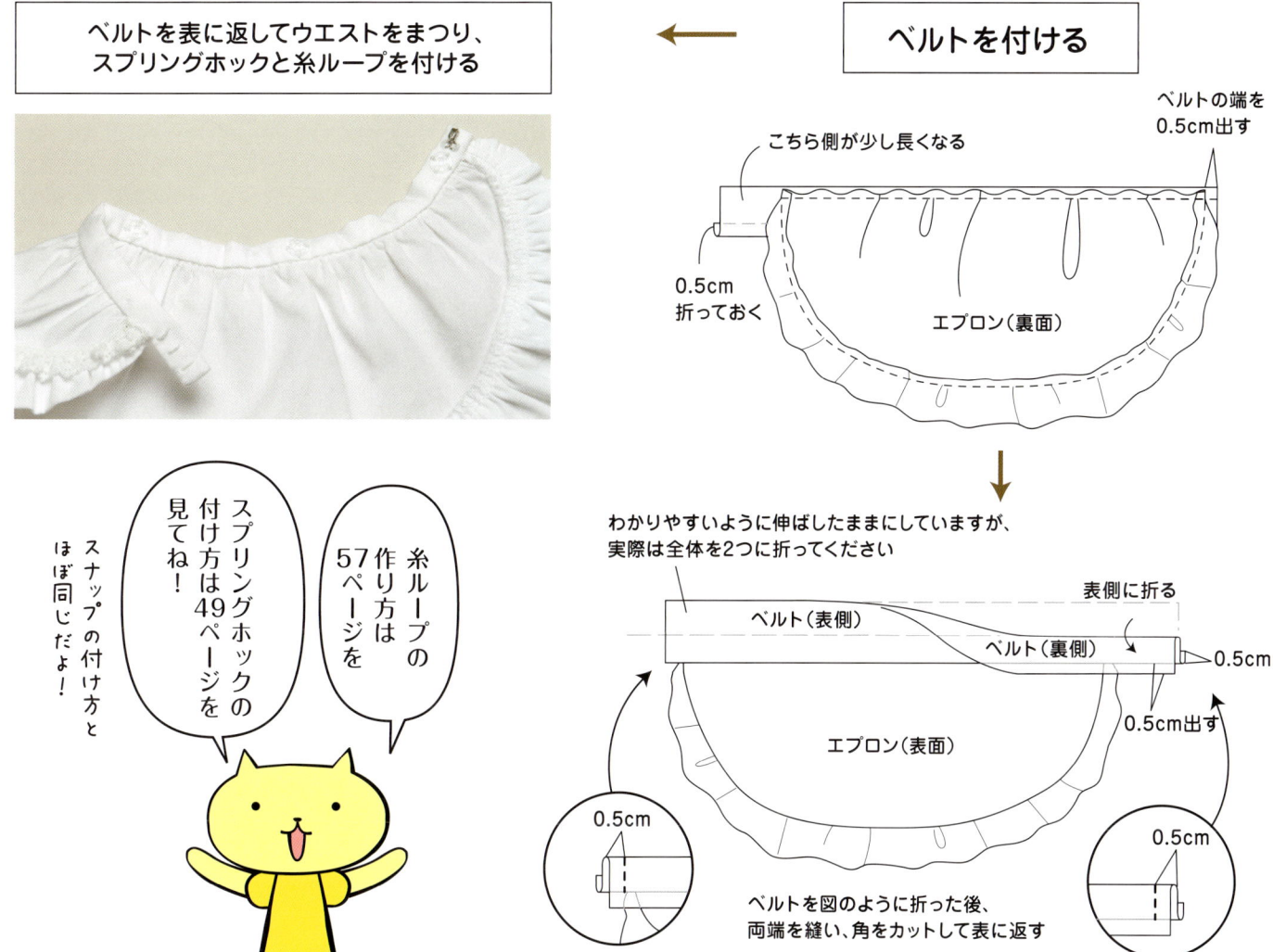

レースを縫い付け、ウエストにギャザー用のミシンをかける

ウエストにギャザー用粗ミシン

エプロン（表面）

レースを付ける際、引っ張りぎみになりやすいので少しゆるめに付けると良い

フリルの端にロックミシンやジグザグミシンをかける
ミシンが無い場合はほつれ止め液をぬる

ロックミシンの無い方は、もう一枚同じパーツを用意して、フリルをサンドイッチ状態にして縫い代をくるむ方法もあります

アイロンでカーブを付けたリボンやテープを付けても可愛くなりそう

重ねる

フリルをはさんで縫う

表に返す

ベルトを付ける

ベルトを表に返してウエストをまつり、スプリングホックと糸ループを付ける

ベルトの端を0.5cm出す

こちら側が少し長くなる

0.5cm折っておく

エプロン（裏面）

わかりやすいように伸ばしたままにしていますが、実際は全体を2つに折ってください

表側に折る

ベルト（表側）
ベルト（裏側）

0.5cm
0.5cm出す

エプロン（表面）

0.5cm
0.5cm

ベルトを図のように折った後、両端を縫い、角をカットして表に返す

糸ループの作り方は57ページを

スプリングホックの付け方は49ページを見てね！

スナップの付け方とほぼ同じだよ！

エプロン　前あて・リボンの縫い方
Apron
L胸ボディ、ダイナマイトボディ共通

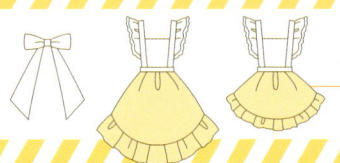

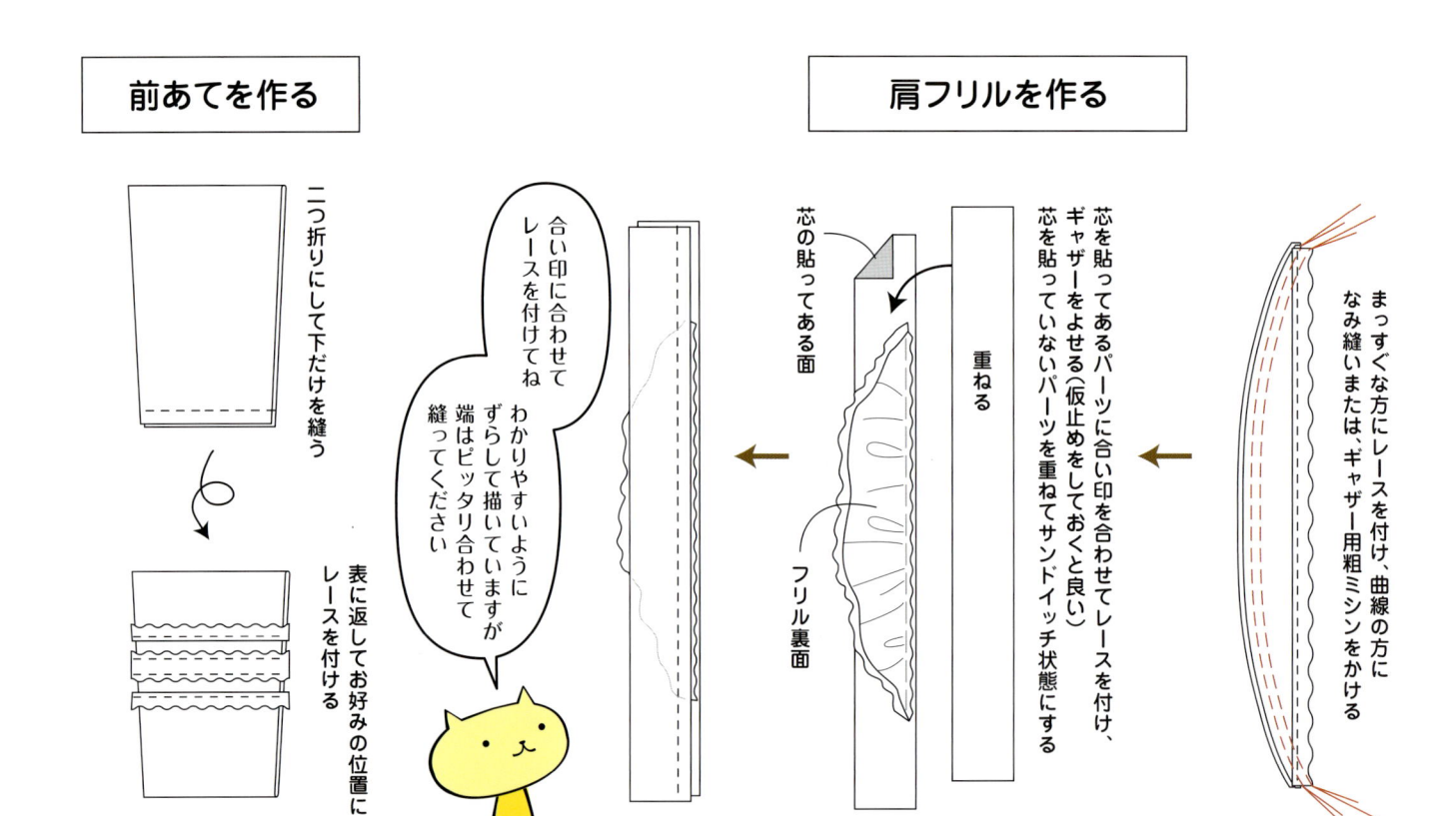

前あてを作る

二つ折りにして下だけを縫う

表に返してお好みの位置にレースを付ける

合い印に合わせてレースを付けてね

わかりやすいようにずらして描いていますが端はピッタリ合わせて縫ってください

肩フリルを作る

まっすぐな方にレースを付け、曲線の方になみ縫いまたは、ギャザー用粗ミシンをかける

芯を貼ってあるパーツに合い印を合わせてレースを付け、ギャザーをよせる（仮止めをしておくと良い）芯を貼っていないパーツを重ねてサンドイッチ状態にする

重ねる

芯の貼ってある面

フリル裏面

アイロンで肩ひもをきれいに折る

肩ひもの両端をアイロンで折る

端はたたむように折る

前あてに肩ひもを縫い付ける

裏に芯の貼ってある肩ひも

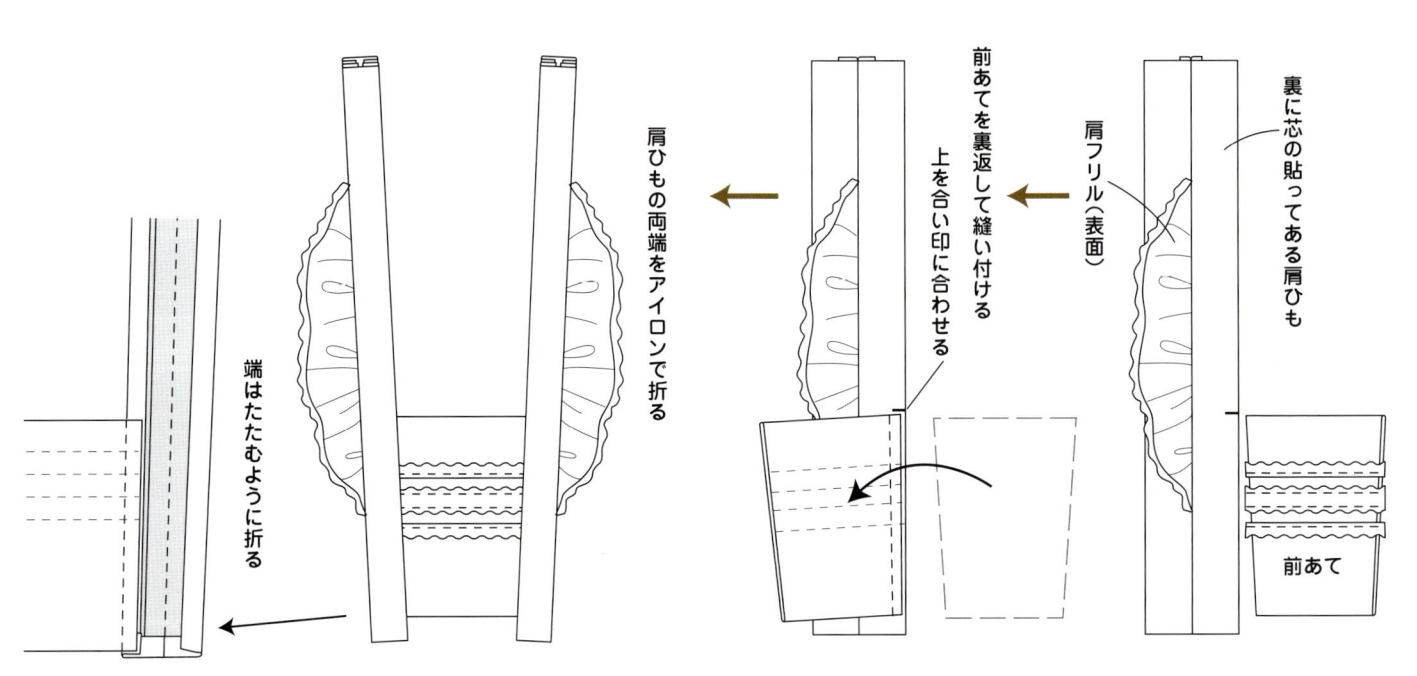

肩フリル（表面）

前あてを裏返して縫い付ける

上を合い印に合わせる

前あて

製作途中の画像

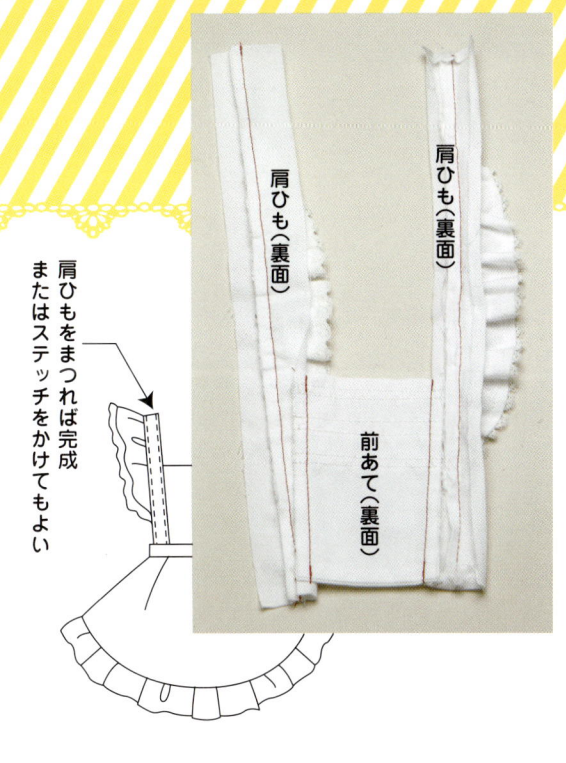

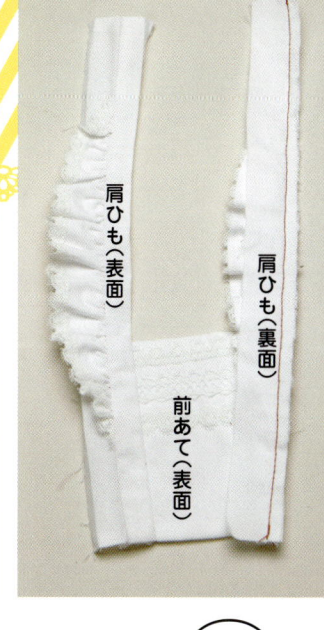

肩ひも（裏面） / 肩ひも（裏面） / 前あて（裏面）

肩ひも（表面） / 肩ひも（表面） / 前あて（表面）

肩ひも（表面） / 肩ひも（裏面） / 前あて（表面）

肩ひもをまつれば完成またはステッチをかけてもよい

図だけだとすごく複雑に見えるけど…

まずキッチンペーパーなどで工作っぽく作ってみると構造が良くわかるよ

じつは結構単純です

取り外し用スナップを付ける

後ろのスナップは、実際にDDに着せてみて、丁度良い位置に付けてください

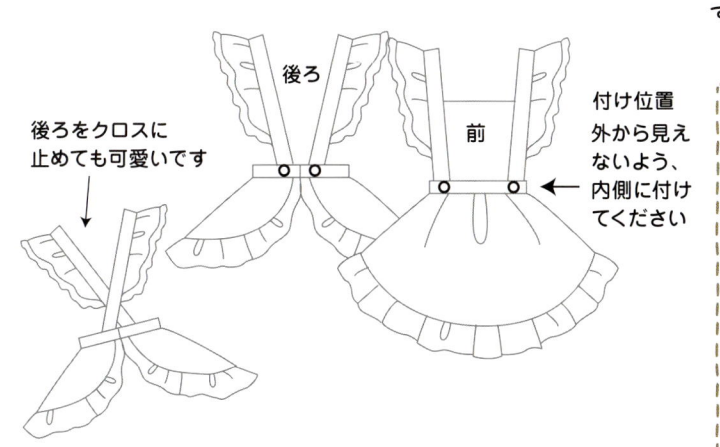

後ろをクロスに止めても可愛いです

後ろ / 前

付け位置 外から見えないよう、内側に付けてください

上リボン・リボン中心を作る

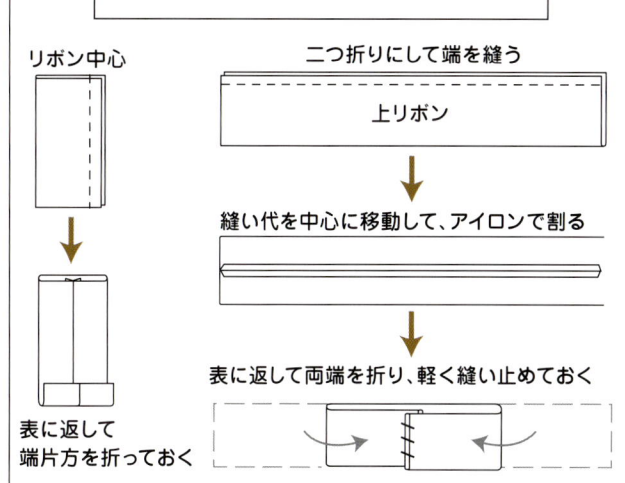

リボン中心

二つ折りにして端を縫う

上リボン

↓

縫い代を中心に移動して、アイロンで割る

↓

表に返して両端を折り、軽く縫い止めておく

表に返して端片方を折っておく

リボン中心でくるみ、ピンを付ける

下リボンを作る

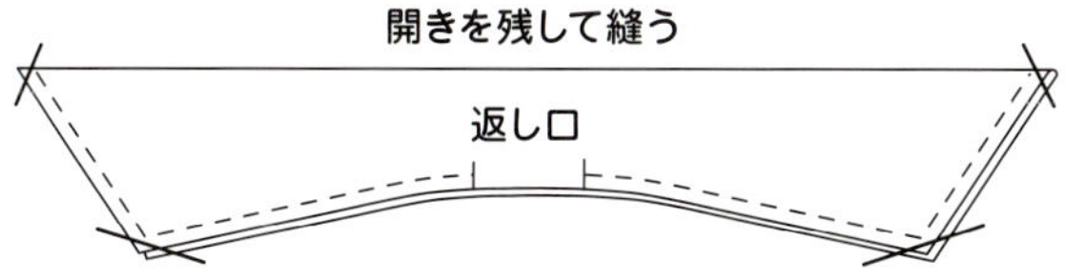

開きを残して縫う

返し口

角をカットして表に返し、開きをまつる

Panier & Petticoat 材料

- ペチコートの材料
  - 綿ローン…90cm幅×20cm
  - レース(5cm幅)
    - ギャザー無しの場合…120cm
    - ギャザーありの場合…80cm
  - ゴム(0.7〜0.8cm幅)…適量
  - ひも(0.7〜1cm幅)…適量

- パニエの材料
  - ハードチュール…よこ100cm×たて35cm
  - ゴム(0.7〜0.8mm幅)…適量

※パニエには別紙の型紙はありません
下の作図の寸法にカットしてください

[完成サンプル]

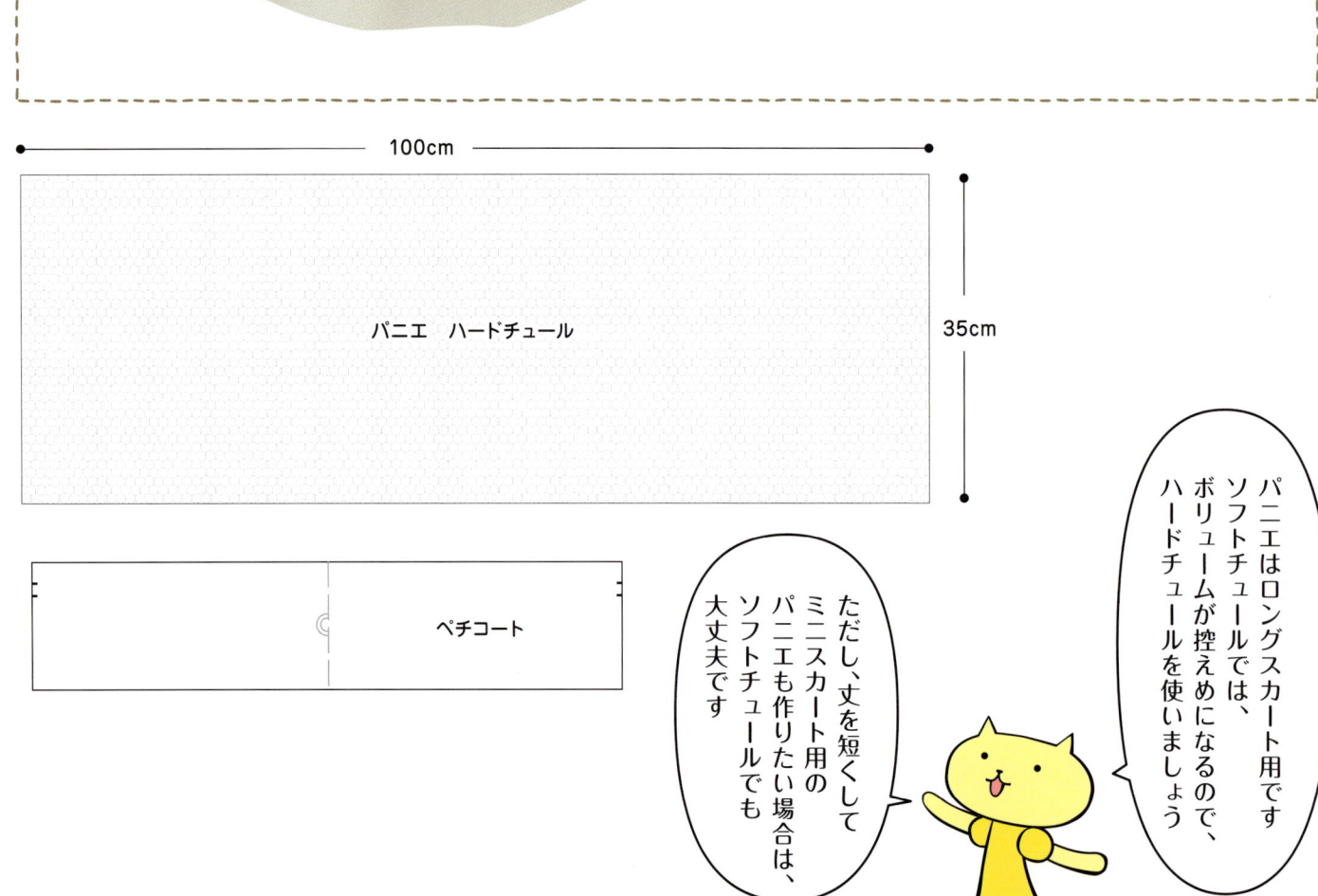

パニエ　　　ペチコート

- パニエ　ハードチュール：100cm × 35cm
- ペチコート

パニエはロングスカート用です
ソフトチュールでは、ボリュームが控えめになるので、ハードチュールを使いましょう

ただし、丈を短くしてミニスカート用のパニエも作りたい場合は、ソフトチュールでも大丈夫です

Panier
簡単チュールパニエの縫い方
L胸ボディ、ダイナマイトボディ共通

チュールを折って縫う

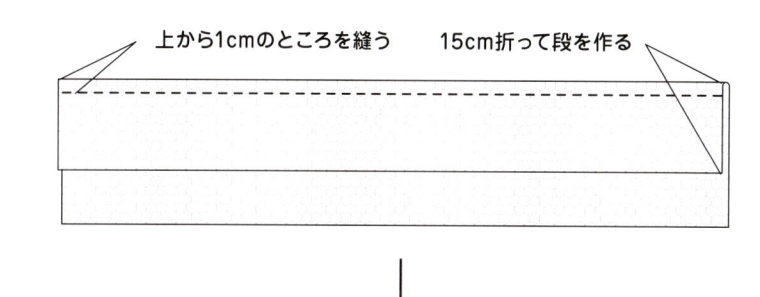

上から1cmのところを縫う　　15cm折って段を作る

段差がある方を内側にして二つ折りにする

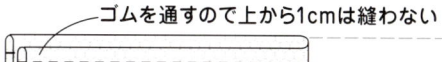

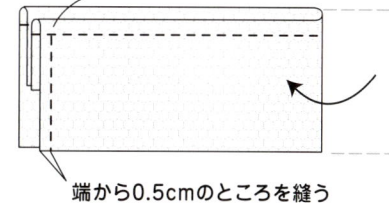

ゴムを通すので上から1cmは縫わない

端から0.5cmのところを縫う

※わかりやすいように端をずらして描いてありますが、実際に縫う場合はピッタリくっつけてください

ウエストにゴムを通す

ゴムを通して約20cmの円に縮める

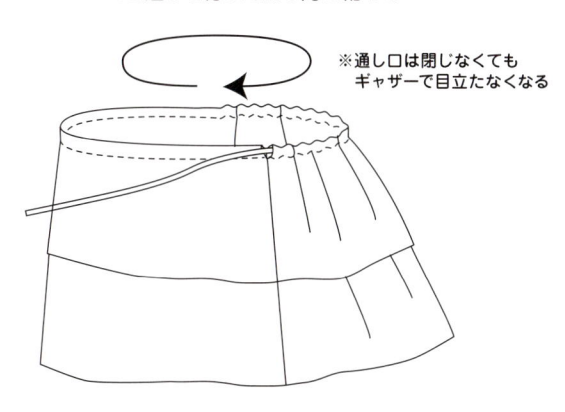

※通し口は閉じなくてもギャザーで目立たなくなる

ゴムの端は、結ばずに重ねて縫い止めると厚みが出ない

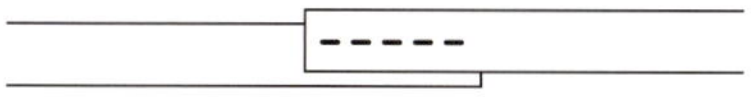

手縫いの場合はなみ縫いの途中に何度か返し縫いを入れて縫ってね

ペチコートの縫い方は次のページだよ！

ペチコートやパニエは、履かせた時にウエストがモッサリしないよう、実際のウエスト位置よりも少し下になるようにしています

そのため丈の長さが本来より短く、ウエストのサイズも少し緩めになっています

ウエスト位置が少し下になっている

長さも短め

Petticoat
ペチコートの縫い方
L胸ボディ、ダイナマイトボディ共通

レースを8等分してノッチや印を付ける（合い印になる）

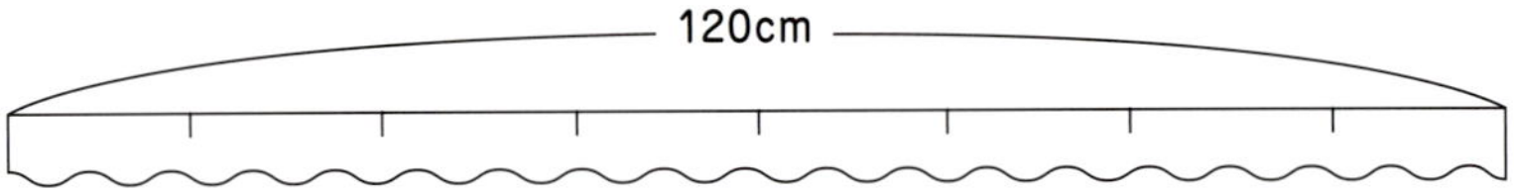

120cm

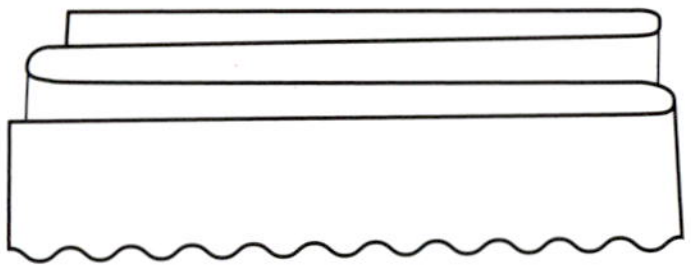

測らなくても折れれば簡単に等分出来るよ！

レースの準備をする

市販のレースは片方がギザギザになっているので、直線にカットして5cm幅にする

5cm

市販のギャザーレースはフリルの分量が控えめ

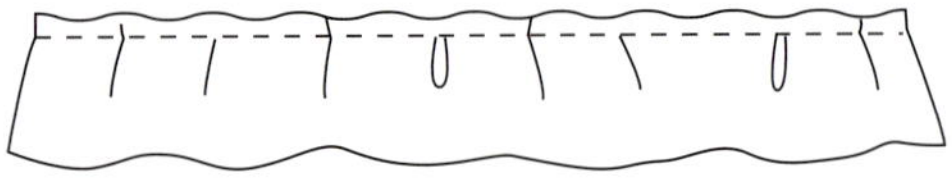

だいたいプラス30%くらい長くするとよい

フリフリにしたい場合は、さらにギャザーをよせる

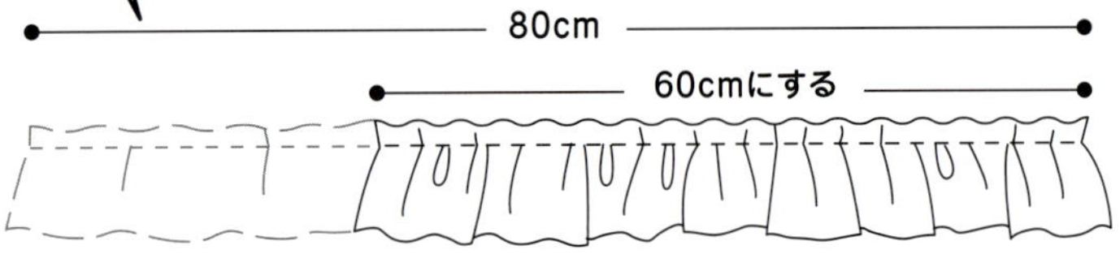

80cm

60cmにする

市販のギャザーありレースを使用しても良いですが、もっとヒラヒラさせたい場合は、ちょっと長めに用意して、さらにギャザーをよせるといいです

ウエスト部分をアイロンで折っておく ← ### レースを縫い付ける

レースにギャザーをよせて、ペチコートの裾に縫い付ける

ペチコート（裏面）

1.2cm
0.5cm

後で折ってもいいけど、出来るだけ平らな状態で作業をしておいた方が初心者さんにはやりやすいんだって！

端にロックミシンやジグザグミシンをかける
無い方はほつれ止めを縫っておく

ギャザーよせのコツについては47ページを見てね

詳しく解説しています

縫い代は上に倒し、ミシンがあればはぎ目のきわにステッチをかけておく

66

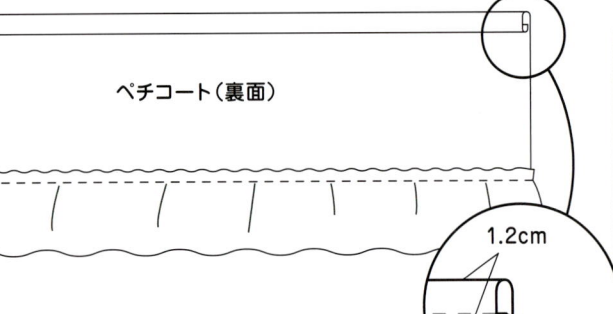

ウエスト部分を縫う

縫い代を割り、ウエスト部分を折ってぐるっと縫う

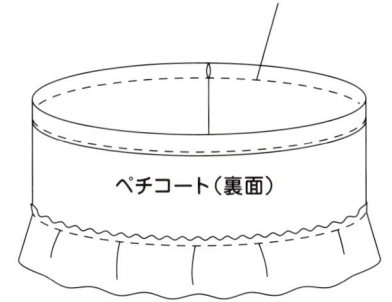

ペチコート（裏面）

開きを残して端を縫う

両端を合わせ、開きを残してミシンをかける

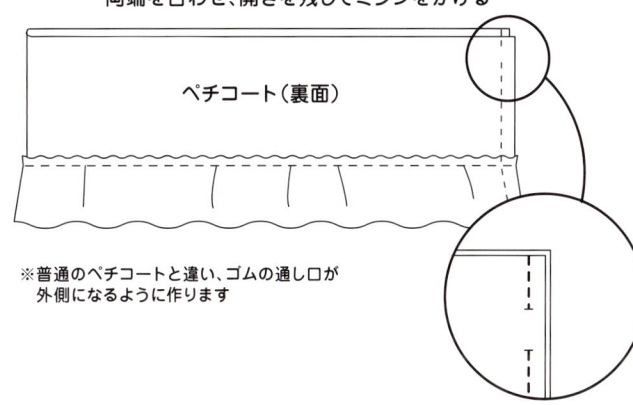

ペチコート（裏面）

※普通のペチコートと違い、ゴムの通し口が外側になるように作ります

ゴムの端は、結ばずに重ねて縫い止めると厚みが出ない

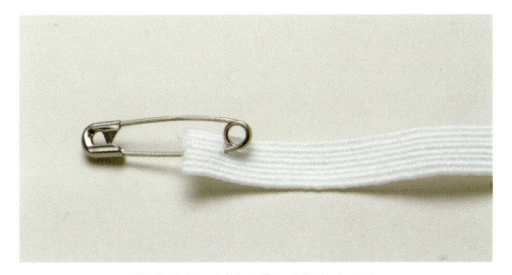

安全ピンだとゴムが途中で外れる心配がないので便利

ゴム通しを持っていない場合は、安全ピンを使うといいよ！

ゴムと紐を通す

ウエストサイズは20cmくらいにする

ひもの締め具合でウエストの位置を調節して丈を変えてください

ボディによってウエストサイズがだいぶ違うため、ペチコートの長さ調節が出来るよう、ゴムと一緒に紐を通しています

Head Dress

material 材料

共通の材料
- 500mlの炭酸飲料ペットボトル
- 両面テープ
- 手芸用ボンド
- ほつれ止め液

うさみみの材料
- ストライプ布 …よこ25cm×たて20cm
- アルミワイヤー…適量

フリルの材料
- ギャザーなしレース（約3cm幅）…20cm
- 綿ブロード…適量

黒リボンの材料
- 綿ブロード…適量 …18cm×18cm

[完成サンプル]

- うさみみカチューシャ
- フリルカチューシャ
- リボンカチューシャ

うさみみ

- ベース
- ベース布
- リボン中心
- うさみみ

黒リボン

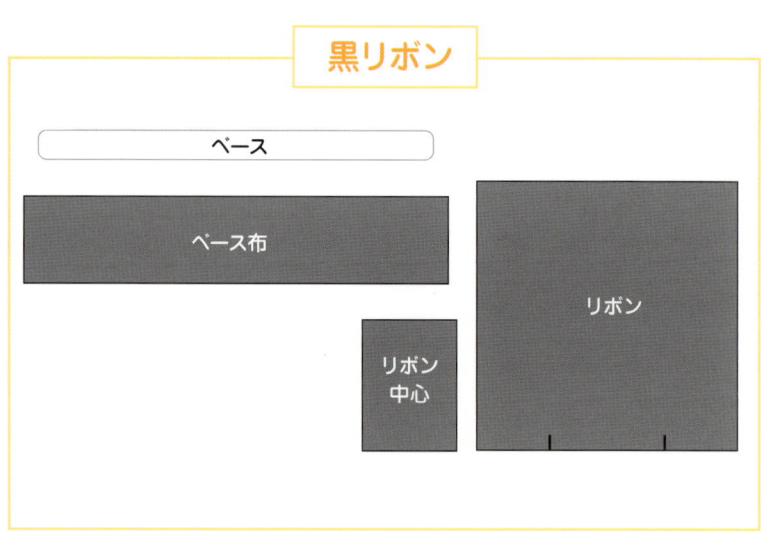

- ベース
- ベース布
- リボン中心
- リボン

フリル

- ベース
- ベース布
- レース

布の接着には速乾ボンドも便利ですが、濃い色の布では粉が吹いたようになる場合があるので、出来れば布用をお勧めします

アレンジで金属パーツを接着する場合は、素材に合った接着剤を使用してくださいね

布用だとはがれてくることも

Head Dress
カチューシャ　ベースの作り方
L胸ボディ、ダイナマイトボディ共通

布にほつれ止めを塗っておく
ベース布の周囲にほつれ止め液を塗る

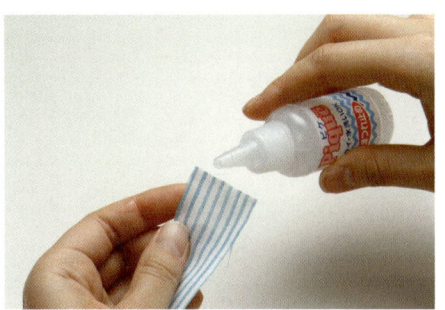

乾くまで待とう！

カーブを整える
ペットボトルのカーブを
DDの頭の形に合うよう調節する

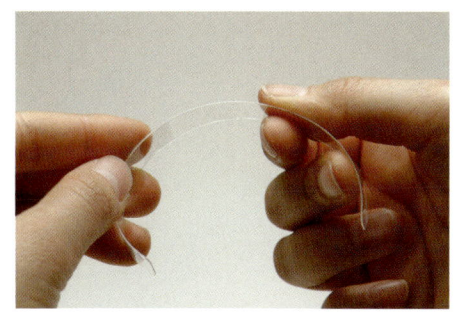

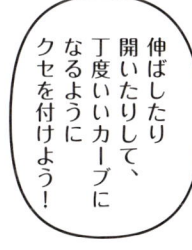

伸ばしたり開いたりして、丁度いいカーブになるようにクセを付けよう！

ペットボトルを切る
ケガに注意！

500mlペットボトルに型紙をマスキングテープで貼付け、カッターとはさみで切り取る

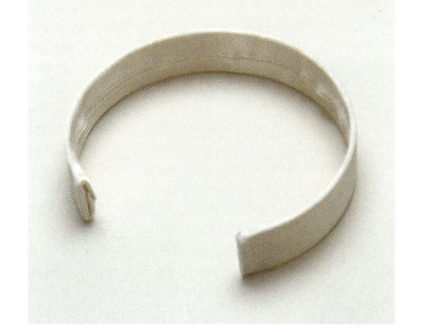

リボンを貼付けても良い

水やお茶のボトルはデコボコしていたり、薄すぎるからだよ

ところでどうして炭酸飲料のものを使うの？

布を折り、ボンドで貼付ける
端はきれいにたたむ 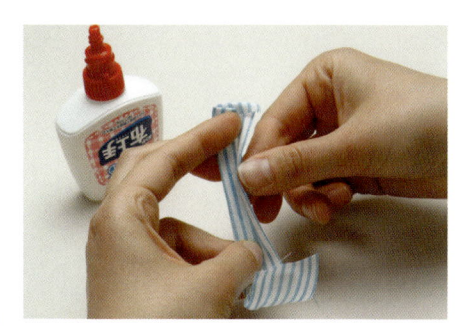 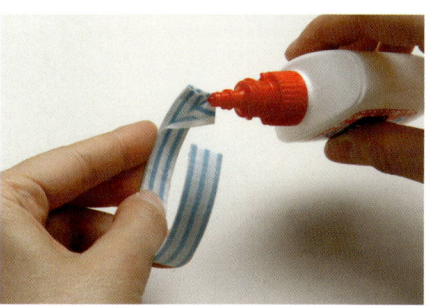

ペットボトルに両面テープを貼り、布を貼付ける

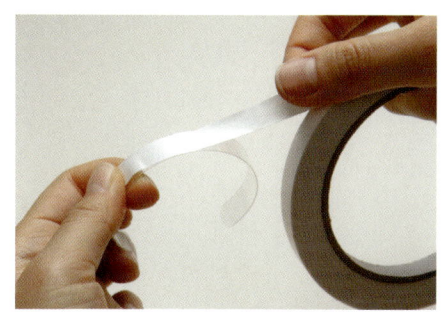

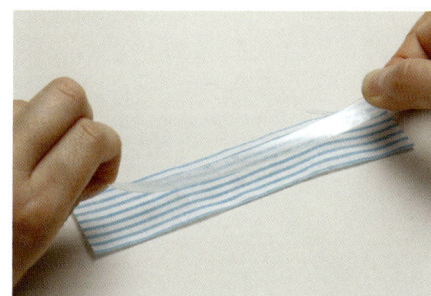

Head Dress
カチューシャの作り方　うさみみ
L胸ボディ、ダイナマイトボディ共通

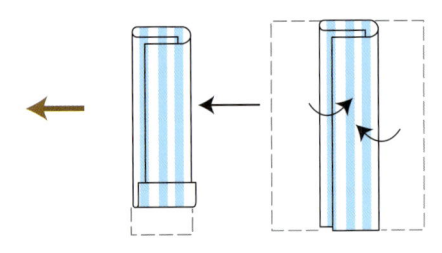

ワイヤーをうさみみの大きさに曲げてテープでとめる

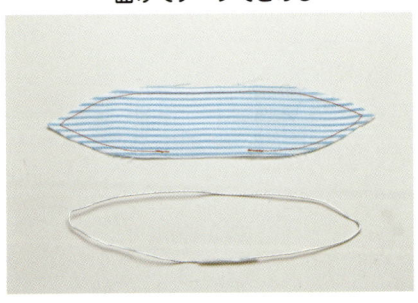

リボン中心を三つ折りにして片方の端をアイロンで折っておく

返し口を残して周囲を縫って表に返す

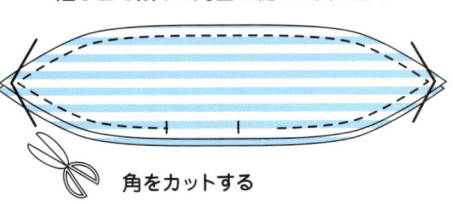

角をカットする

ベースと一緒にくるんでまつる

うさぎ耳の中心にタックをたたむ

中に入れて返し口をまつる

Head Dress
カチューシャの作り方　リボン
L胸ボディ、ダイナマイトボディ共通

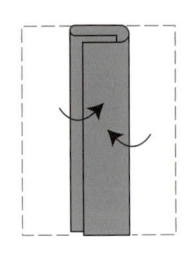

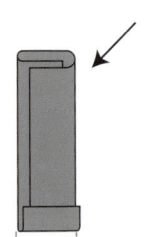

リボンを表に返し開きをまつる

リボンの中心にタックをたたみ、ベースと一緒にリボン中心でくるんでまつる

リボン中心を三つ折りにして片方の端をアイロンで折っておく

リボンを二つ折りにして返し口を残して縫う

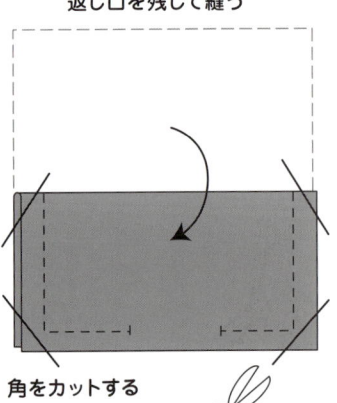

角をカットする

Head Dress
カチューシャの作り方　フリル
L胸ボディ、ダイナマイトボディ共通

レースの表面とベース布が向かい合うように縫い合わせてね

レースにギャザーをよせて12cmに縮め、ベース布の中心に縫い付ける

0.5cm

レース表面

レースにギャザー用のなみ縫いをする

0.5cm

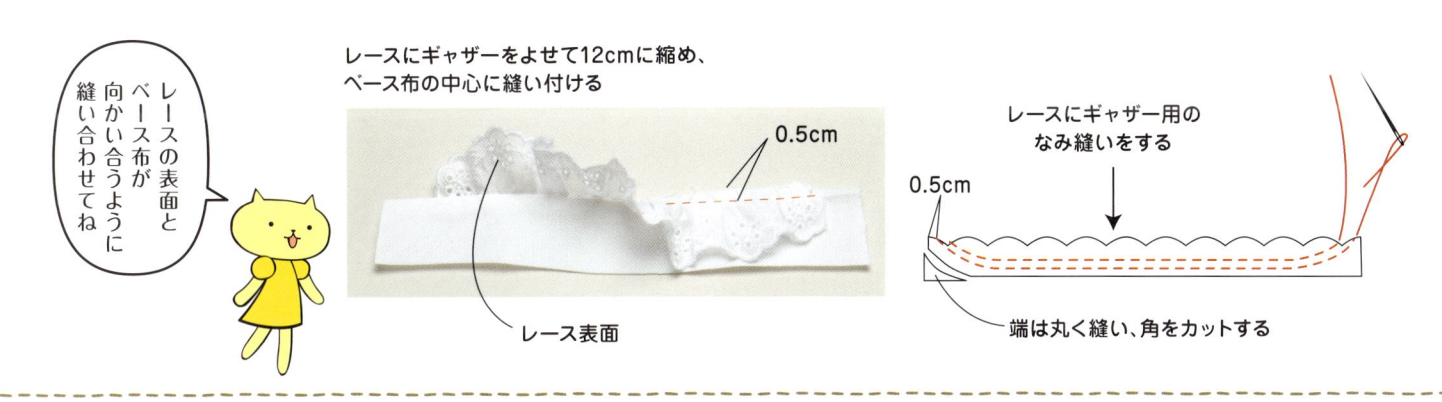

端は丸く縫い、角をカットする

両端とサイドをベース布をくるむように折ってまつる

両面テープでベースに貼付ける

アレンジとポイント

チロリアンテープや羽根、チュールやビジューも使ってアレンジしてみようかな

市販のリボンで作れば、作業が簡単になるよ！

カチューシャのホールド力が弱い場合は、ベースを2枚重ねて作ってください

または100均のポリ容器などを切って使用しても良いです

71

Collar&Cuff links&Socks

material 材料

付け襟の材料
- 綿ブロード
  スクエア襟…よこ35cm×たて18cm
  丸襟…よこ15cm×たて10cm
- 接着芯…適量
- フリルレース(約1cm幅)…20cm／50cm
- リボン
  0.3cm幅／0.5cm幅…40cm
- スナップ…1個
- スプリングホック…1個

カフスの材料
- 綿ブロード
  大…よこ23cm×たて15cm
  小…よこ18cm×たて12cm
- 接着芯…適量
- レース(約1cm幅)…40cm
- 半円パール…4個／8個

ソックスの材料
- ニット地…40cm×40cm
  (ジャージー・スムース・ネットなど)
- お好みで履き口にストレッチレース

[完成サンプル]

スクエア襟　丸襟
カフス大  　カフス小 
ニットソックス　ネットソックス 

カフス
芯は半分だけ貼る
カフス小　カフス大

付け襟
スクエア　丸襟

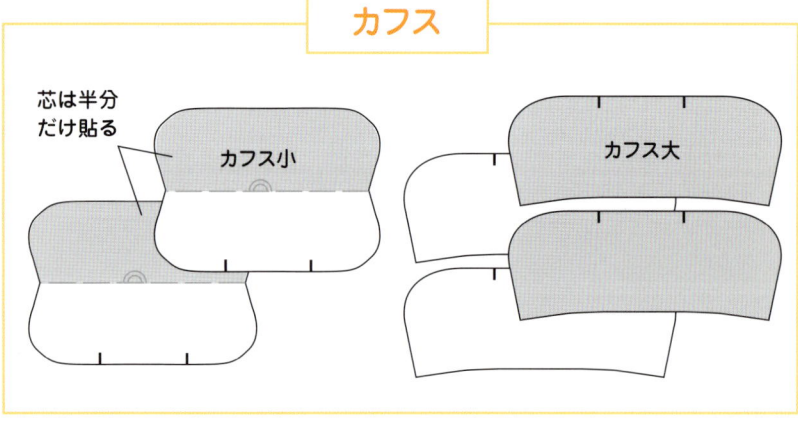

ソックス
ソックス

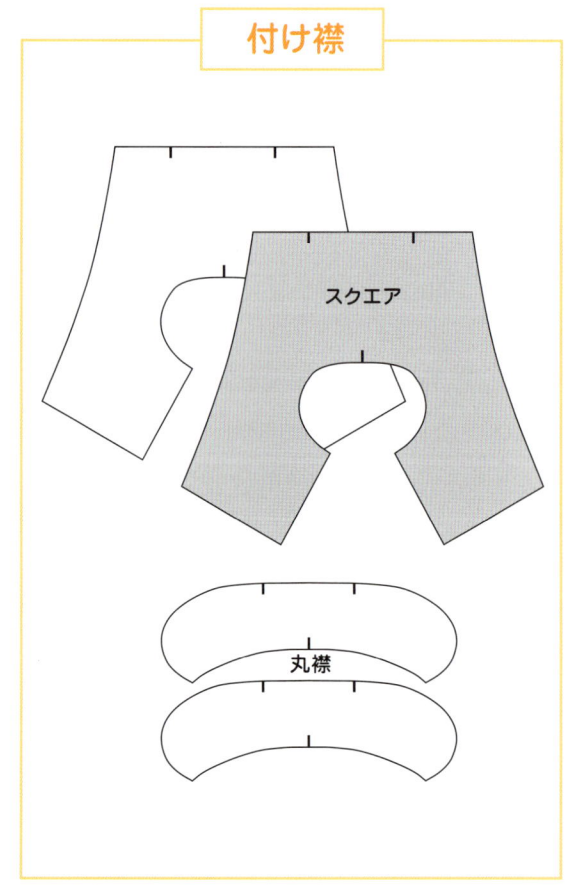

Collar
付け襟の縫い方
L胸ボディ、ダイナマイトボディ共通

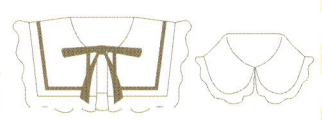

表に返して開きを縫って閉じる
ハシゴまつりで閉じる

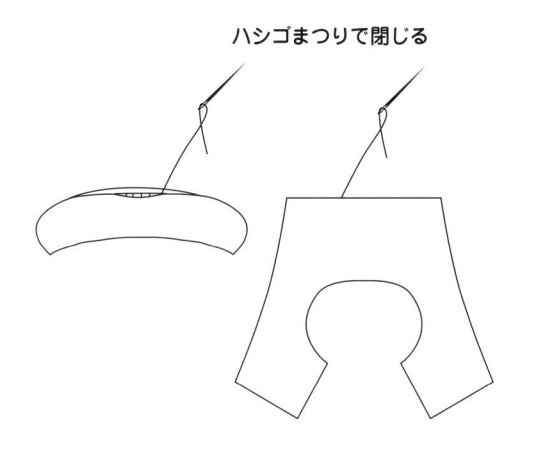

返し口を残して周囲を縫う
角はカットして、カーブ部分には切り込みを入れておく
周囲の縫い代も0.3cmくらいに細くカットしておくと
表に返した時にきれい

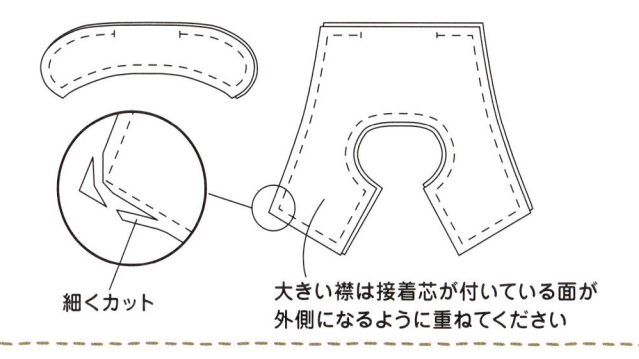

細くカット

大きい襟は接着芯が付いている面が外側になるように重ねてください

大きい方の付け襟は、リボンを布用ボンドで貼る
ミシンに慣れている方はステッチをかけてもよい

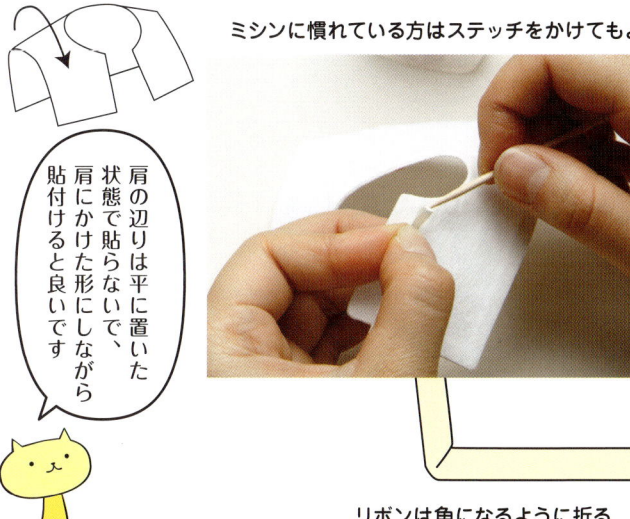

肩の辺りは平に置いた状態で貼らないで、肩にかけた形にしながら貼付けると良いです

リボンは角になるように折る

周囲にリボンを縫い付け、丸襟はスプリングホックと糸ループを付ける

スプリングホックの付け方 49ページ
糸ループの作り方は 57ページ
リボンの作り方 49ページ
に掲載されています

片方にスナップを付けると取り外しに便利
こうすると着替えの時に楽です

周囲のレースと襟元にリボンを付ける

73

Cuff links
カフスの縫い方
L胸ボディ、ダイナマイトボディ共通

返し口を残して周囲を縫う

- 接着芯が付いている面が外側になるように重ねる
- 縫い代は、返し口以外を0.3cmくらいにカットしておくと表に返した時にきれい
- 角もカットする

大カフスは返し口を残して周囲を縫う

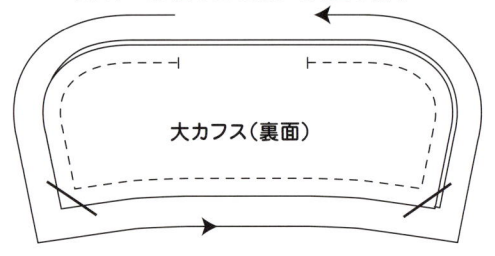

大カフス（裏面）

小カフスは二つ折りにして両端を縫う

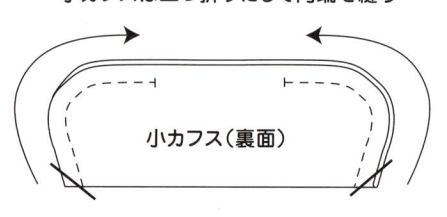

小カフス（裏面）

レース・半円パール・スナップを付ける

半円パールは接着剤で付ける

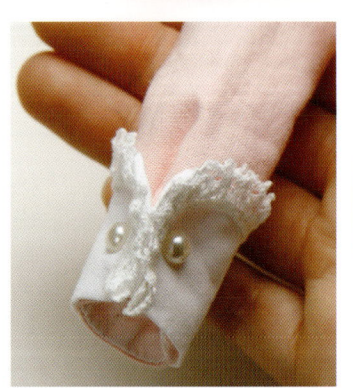

表に返し、返し口を縫って閉じる

ハシゴまつりで閉じる

スナップの付け方は49ページを見てね！

長袖に小さいカフスを付けると袖口がちょっとだけパフっぽくなるよ

Socks
ソックスの縫い方
L胸ボディ、ダイナマイトボディ共通

半分に折って縫う ← 上部を縫う

1cm折って縫う

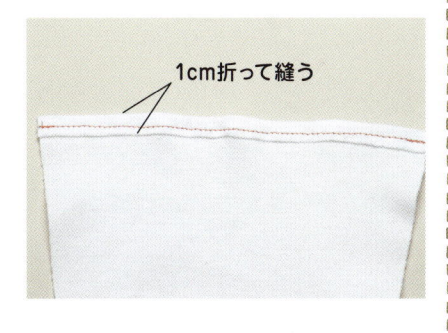

履き口にストレッチレースを付けても良い

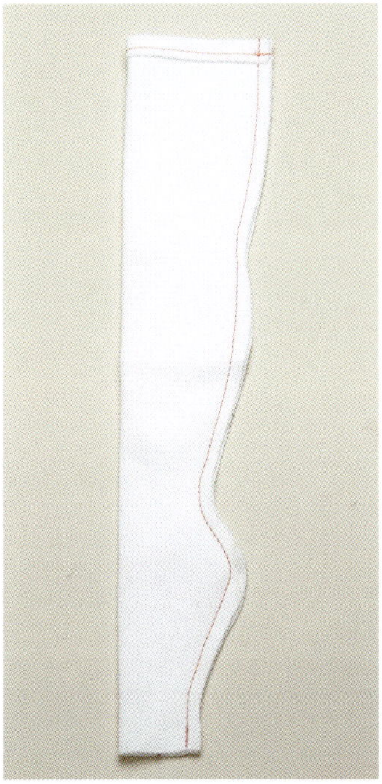

ポイント

ニット用ミシン糸を使って縫おう！

持っている方はジグザグミシンがお勧め

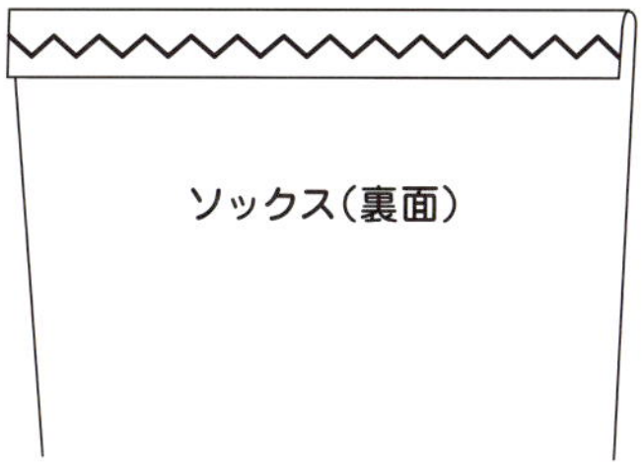

ソックス（裏面）

手縫いの場合は、すべて返し縫いで縫ってね！

ジグザグミシンの無い方は、少し引っ張りながら縫う

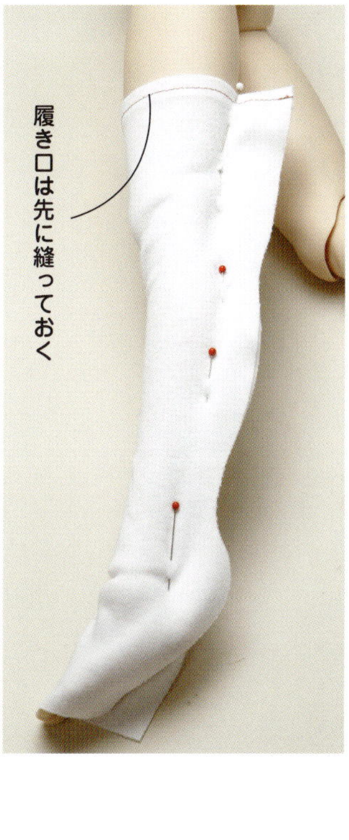

履き口は先に縫っておく

サイドを待ち針でとめてサイズを確認する 簡単に仮縫いをして、ちゃんと脱げるかどうか調べておくと良い

型紙はニットジャージーで作った時のサイズになっているから……

まずは型紙の仮縫い用の線で裁断し、サイズをチェックしておくといいよ！

せっかく作ったのに、なんか小さくて履かせづらいんだけど〜

つま先を縫う

つま先部分をつぶすように折る

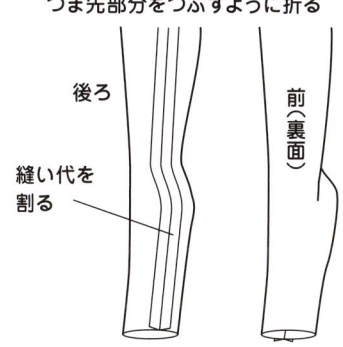

後ろ　　前（裏面）

縫い代を割る

つま先を丸く縫って余分な縫い代をカットする

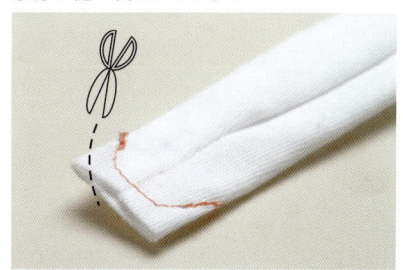

Lingerie

イラスト：かみやまねき

Lingerie

material 材料

ショーツの材料
- ネット…よこ35cm×たて10cm
- サテン…よこ45cm×たて25cm
- キッズタイツ(80〜110デニールくらい)…1足
- ゴム(3〜3.5mm幅)…適量

ブラトップの材料
- ネット…よこ30cm×たて10cm
- サテン…よこ20cm×たて20cm
- キッズタイツ(80〜110デニールくらい)…1足
- ゴム(3〜3.5mm幅)…適量

[完成サンプル]

ダイナマイト胸 ブラトップ&ショーツ

L胸 ブラトップ&ショーツ

ショーツ　ショーツ

後ろブラ　前ブラ

後ろブラ　前ブラ

前ショーツ　下フリル

前ショーツ　上フリル

後ろショーツ　下フリル

後ろショーツ　上フリル

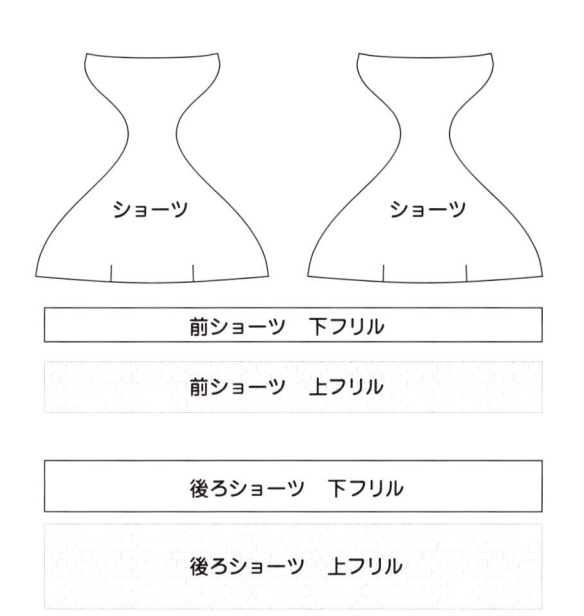

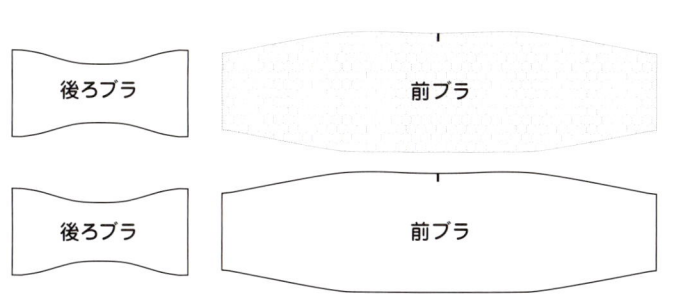

キッズタイツ1足でブラとショーツが1セット作れます

ネットがどうしても手に入らない場合は、ソフトチュールやお好きな柄のタイツなどで制作しても良いです

Lingerie
ブラトップの縫い方
L胸ボディ、ダイナマイトボディ共通

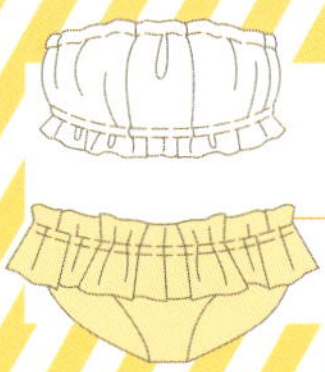

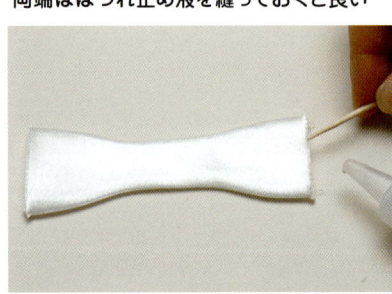

後ろパーツを作る

後ろパーツを中表に合わせ、上下を縫う

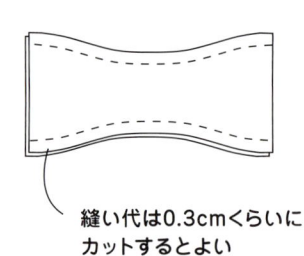

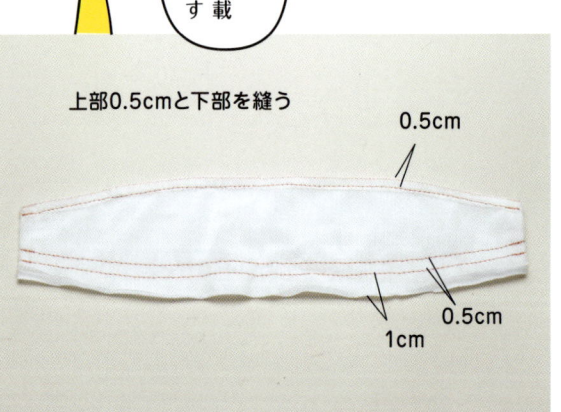

このパーツはバイアスに裁断してね

縫い代は0.3cmくらいにカットするとよい

表に返してアイロンで整える
両端はほつれ止め液を縫っておくと良い

ほつれどめ液は楊子に付けて塗るといいよ！
ジグザグミシンやロックミシンでもOK！

前パーツを作る

タイツ地とネット地を中表に重ねて上部を0.5cm縫う

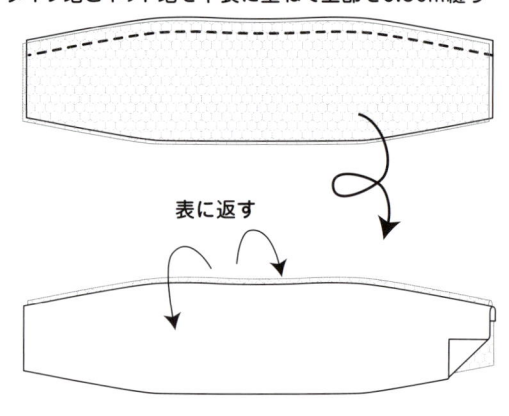

表に返す

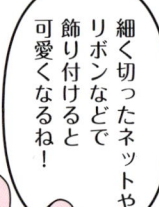

ミシンの縫いの場合、薄い紙をしいて一緒に縫うと縫いやすいです
ハトロン紙がおすすめ

縫う位置は型紙にも記載してあります

上部0.5cmと下部を縫う
0.5cm
0.5cm
1cm

前後のパーツを縫い合わせる

中表に合わせて両端を縫う

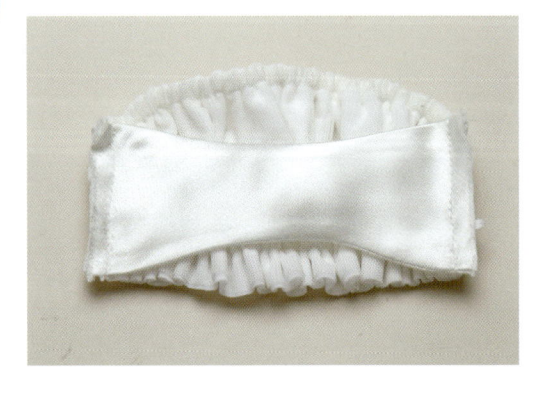

ゴムを通す

両端はゴムが抜けないように縫い止めておく

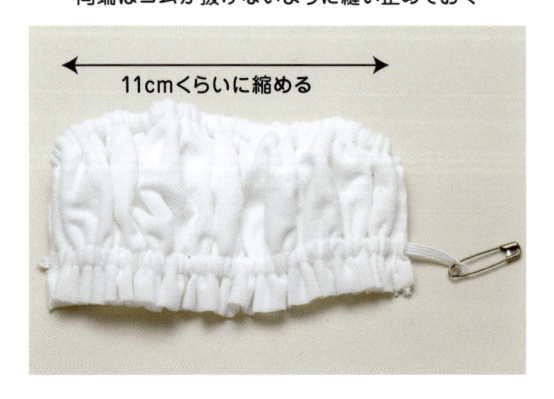

11cmくらいに縮める

細く切ったネットやリボンなどで飾り付けると可愛くなるね！

78

Lingerie
ショーツの縫い方
L胸ボディ、ダイナマイトボディ共通

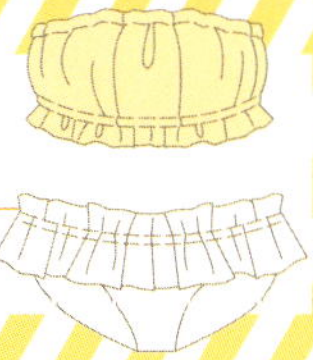

腰のフリルを作る
タイツ地の上にネットを重ねて縫い、ゴムを通す箇所を作る

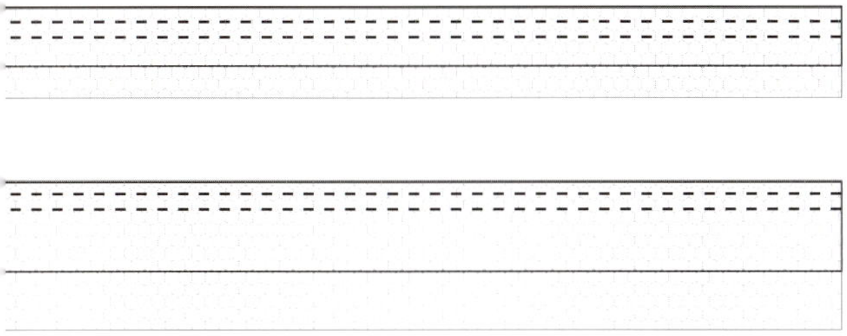

縫う位置は型紙に記載してあります

ショーツを縫う
中表に合わせ、返し口を残してぐるっと縫う

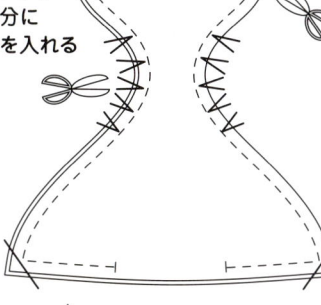

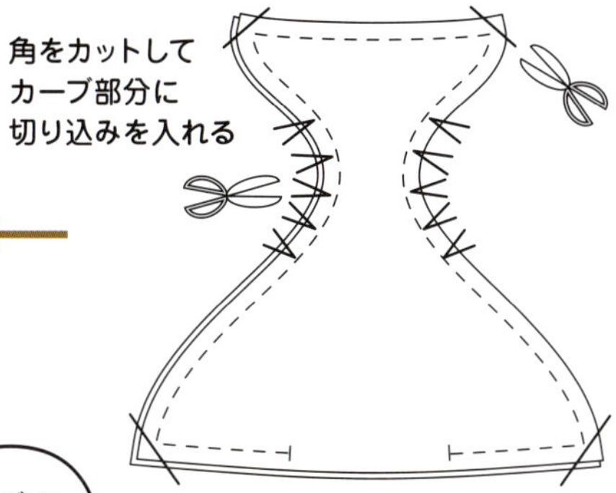

角をカットしてカーブ部分に切り込みを入れる

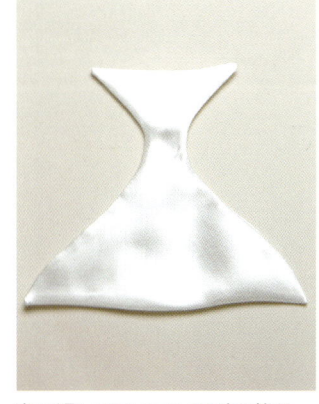

表に返してアイロンで形を整え、返し口をまつる

このパーツはバイアスに裁断してね

ゴムを通して下の寸法に縮める

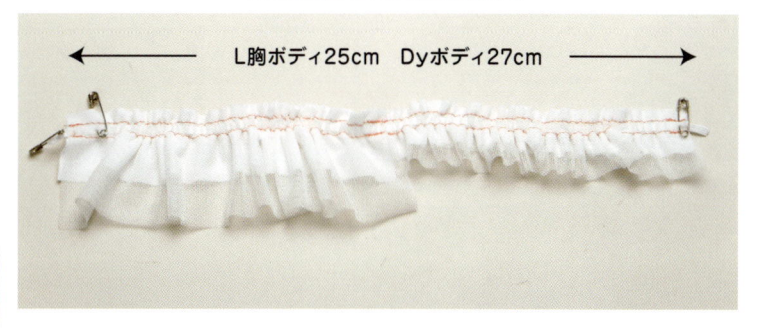

← L胸ボディ25cm　Dyボディ27cm →

縮めたらゴムの端を引き出して、下のように重ねて縫って輪にする

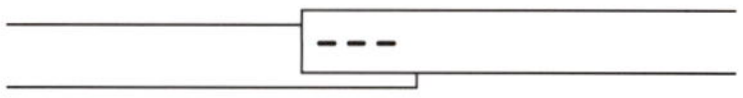

前パーツを輪にすれば、シュシュやガーターリングになるよ！

なるほど！

ショーツにフリルを縫い付ける
全体をきっちり縫い付けずに中心、両端、その間を数カ所縫い止めておこう

後ろフリルのサイド部分を丸くカットする

ショーツも細く切ったネットやリボンなどで飾り付けよう！

ドルフィードリーム®に会いに秋葉原へ行こう

DDのことなら任せて★早速DDファンが集まる、ボークス秋葉原ショールームへ行きましょう

この本のモデルになっているDD（ドルフィードリーム）をお迎えするにはどうしたらいいの？

DDを取り扱っているのは3Fの「ドールポイント」よ。1Fはアニメやゲームのグッズ、2Fは模型や工具、フィギュアや塗料類が売られているの

秋葉原といえばコレ！『放課後秋葉原ガールズ』オリジナルのキャラクターたちが常設展示されているの　展示の内容はお客様の投票によって変わっていくのよ

『放課後秋葉原ガールズ』の新キャラDDSの「ナナミ」よ！先日発売されたばかりなの

わ！かわいい！この子は新キャラね？

基本のボディを揃えるなら、いつでも購入できるスタンダードモデルがお薦めよ

DDSは「ドルフィードリームシスター」といって、DDより頭半分ほど小さいボディサイズなの。いつかDDSサイズの型紙も出したいな♪

Dollfie Dream® Dynamite ミイコ (46200円)
Dollfie Dream® アオイ (44100円)
Dollfie Dream® ユキノ (44100円)
Dollfie Dream® Sister マユ (44100円)
Mini Dollfie Dream® レナ (40950円)

[創作造形©ボークス・造形村]©2003-2013 VOLKS INC. All rights reserved.

ボークス秋葉原ショールーム ホビー天国

※こちらのレポートは2013年3月の情報となります。「ボークス秋葉原ショールーム」は現在「ドールポイント秋葉原」としてラジオ会館8Fにて営業しております。

SHOP DATA
ドールポイント秋葉原
〒101-0021　東京都千代田区外神田1-15-16 ラジオ会館8F
年中無休、平日11:00〜20:00、土日祝10:00〜20:00　TEL 03-5256-1990　FAX 03-5256-1991

DDはアニメやゲームのキャラクターモデルもたくさん発売されているの。

こっちは『シャイニング』シリーズあっちは『Fate』のセイバーね！

これは受注生産された『ホワイトアルバム』

これらはイベント等で限定販売されたもので今は手に入らない貴重なモデルたちよ。

店員さんのDDアイペイント講座もあるのね！この子も美人さん〜♥

S胸やM胸のDDは、L胸パーツに取り替えるとこの本のメイド服を美しく着こなすことができるわよ！

ドールアイやウィッグ、そして専用のお洋服や靴も用意されているからDDを自分好みにコーディネートして楽しめるのよ

▶ウィッグ「ミディアムボブ/リッチブラウン」3990円、天使のころも「ピンキーコルセットスカートセット」6825円、シューズブティック「SB-DD-003」5460円

▶ウィッグ「ツーサイドアップウェーブ/ビーチクリーム」、ホワイトローズコレクション「すみれ色ストライプワンピセット」6510円、シューズブティック「SB-SD16G-042」5040円

あら、みんな集まって撮影会が始まったわ!!

DDが大集合！

壮観〜

お店でお客さん同士交流できるのも嬉しいね

次は私もDDと一緒に遊びに行こう〜！

ドール
ソーイング
BOOK

はじめてのメイド服
-Dollfie Dream®-

著者・荒木さわ子

イラスト・衣装デザイン・かみやまねき

ドールメイク・ミミコ
ナギ（ももいろ＊マンボウ）
ななみじゅんこ（RONRONSHUKA）

製作協力・佐久間まさよ
ひしきまゆみ

デザイン・大沢寿恵
撮影・玉井久義
編集・鈴木洋子

ドルフィードリーム®
株式会社ボークス
〒600-8862 京都府京都市下京区七条御所ノ内中町60
075-325-1171（平日 11:00～18:00）
http://www.volks.co.jp

ドールウィッグ
DOLLCE
〒101-0024 東京都千代田区神田和泉町1-2-27 精研ビル1F
03-6240-9644（月～木 18:00～21:00、金土日祝 12:00～21:00）
http://doll.shop-pro.jp

ミシン
ミシンプロ
〒151-0053 東京都渋谷区代々木2-5-1 羽田ビル601
0120-34-0250（平日11:30～20:00、土日祝10:30～19:00、木曜定休）
http://www.mishin-pro.com

ドールソーイングBOOK
はじめてのメイド服
-Dollfie Dream®-

2013年3月28日 初版発行
2018年7月31日 3刷発行

編集人　星野孝太
発行人　松下大介
発行所　株式会社ホビージャパン
〒151-0053
東京都渋谷区代々木2-15-8
TEL 03-5304-7601（編集）
TEL 03-5304-9112（営業）
印刷所　大日本印刷株式会社

乱丁・落丁（本のページの順序の間違いや抜け落ち）は購入された店舗名を明記して当社パブリッシングサービス課までお送りください。送料は当社負担でお取り替えいたします。但し、古書店で購入したものについてはお取り替えできません。

禁無断転載・複製
Printed in Japan
ISBN 978-4-7986-0573-9　C0076

「創作造形©ボークス・造形村」©2003-2015 VOLKS INC. All rights are reserved.